精神障害とともに

南日本新聞取材班

ラグーナ出版

はじめに――共生社会、探る旅へ

精神障害者が増えている。

国は2011年、がん、脳卒中、急性心筋梗塞、糖尿病の4大疾病に新たに「精神疾患」を加え、5大疾病として対策を強化している。

14年の全国調査で、精神疾患患者は392万人を超えた。

5大疾病の中で最も多く、今や国民病とも言える。

精神疾患には、統合失調症、うつ病や双極性障害（そううつ病）といった気分障害、アルコールなどの依存症、てんかん、認知症が含まれる。中でも職場でのうつ病や高齢化に伴う認知症が増加している。

日本は欧米諸国と比べ、精神科のベッド数が多く入院期間が長い。地域で患者を支える体制整備が遅れていることが背景にある。

国は04年、「入院医療中心から地域生活中心へ」の流れを加速させる改革ビジョンを打ち出したが、長期入院患者らの退院はなかなか進まない。

精神科のベッド数は1950年代から70年代にかけて飛躍的に増えた。国が民間の精神科

精神疾患を抱える人が増えている（鹿児島市内にある精神科の診療所から）

病院の設置を後押ししたためで、患者の隔離、収容が進んだ。

そうした国の施策は正しかったのか。入院に大きく依存する精神医療について、ハンセン病問題のように国の責任を問う国家賠償請求訴訟を起こそうという動きもある。

そんな国内にあって、人口に対するベッド数、入院患者数、20年以上の長期入院患者数が最も多いのが、鹿児島だ。

２０１３年時点で、20年以上の入院患者は１３２０人に上った。はるかに人口の多い東京が１４０１人、大阪が１２９６人であることからも、鹿児島の多さが分かる。

15年の県の調べによると、県内の入院患者約７００人が地域の受け入れ条件が整えば退院できる。

入院だけでなく外来患者も含む、県内の精神疾患患者は、14年で5万4千人に上る。わずか15年で倍増している。

最も多いのは統合失調症の1万7千人だ。気分障害が1万2千人、認知症1万1千人と続く。

精神疾患は4人に1人は一生に一度経験するとされる身近な病気だ。

誰しも精神障害者になる可能性がある。もしそうなっても、地域で暮らせる、働く場所を得られる共生社会づくりが求められている。

16年4月、役所や事業者に対し障害を理由とした差別的な取り扱いを禁じた障害者差別解消法が施行された。

18年4月には、精神障害者の雇用を促す改正障害者雇用促進法が施行される。

しかし、われわれは今、精神障害のことをどれだけ理解しているだろうか。

偏見や先入観を超え、共生社会を探る旅に出よう。

※本書は、2016年9月から17年6月まで南日本新聞に全8部73回連載した「精神障害とともに」をまとめた。第1部は当事者や家族の思いに迫り、第2部では精神科病院に密着取材を試みた。第3部は障害者を取り巻く歴史を振り返り、第4部は地域で支える方策を探り、第5部は就労の問題を取り上げた。第6部で偏見解消に向けた啓発活動を追い、第7部

は公立精神科病院を全廃したイタリアの現状をリポート、第8部で、障害と向き合いながら前を向く人々を紹介した（各部の最初のページの末尾に紙面掲載期間を記した）。

そのほか精神障害を一から知るため「そもそも精神障害って？」「うつ病Q&A」などの特集記事、当事者や精神科病院、企業アンケート、共生社会づくりのための提言、記者の思いをつづった「取材班から」を掲載した。

「精神障害とともに」取材班　豊島浩一、三宅太郎、吉松晃子、右田雄二

精神障害とともに——目次

第3部　100年の記憶　87

第4部　地域の中で　119

資料編　263

第1部

闇と光の日々

精神障害者や家族はこれまでどんな苦しみを味わい、何に希望を見いだしているのか。さまざまな声に寄り添う。（２０１６年９月20日から27日まで）

闇と光の日々①　心の病

息子自死、後悔今も——休み勧めていれば

慌てる気持ちを抑え、マンションの鍵を開けた。そこには変わり果てた長男行康《ゆくやす》さん(21)の姿があった。

2010年8月11日の夜。南さつま市の平神純子さん(59)が、夫とともに鹿児島市の行康さん宅に駆けつけたときのことだ。

その日、行康さんが最近、仕事に来ていないと同僚から知らされた。電話にも出ない。「それでも最悪の事態は考えもしなかった」

行康さんは月1、2回、実家に帰っていた。10日ほど前にも会ったばかり。特に変わった様子はなかった。

その何日か前には、行康さんが働くレストランで会った。「照れ笑いを浮かべ、うれしそうな顔をしていた」

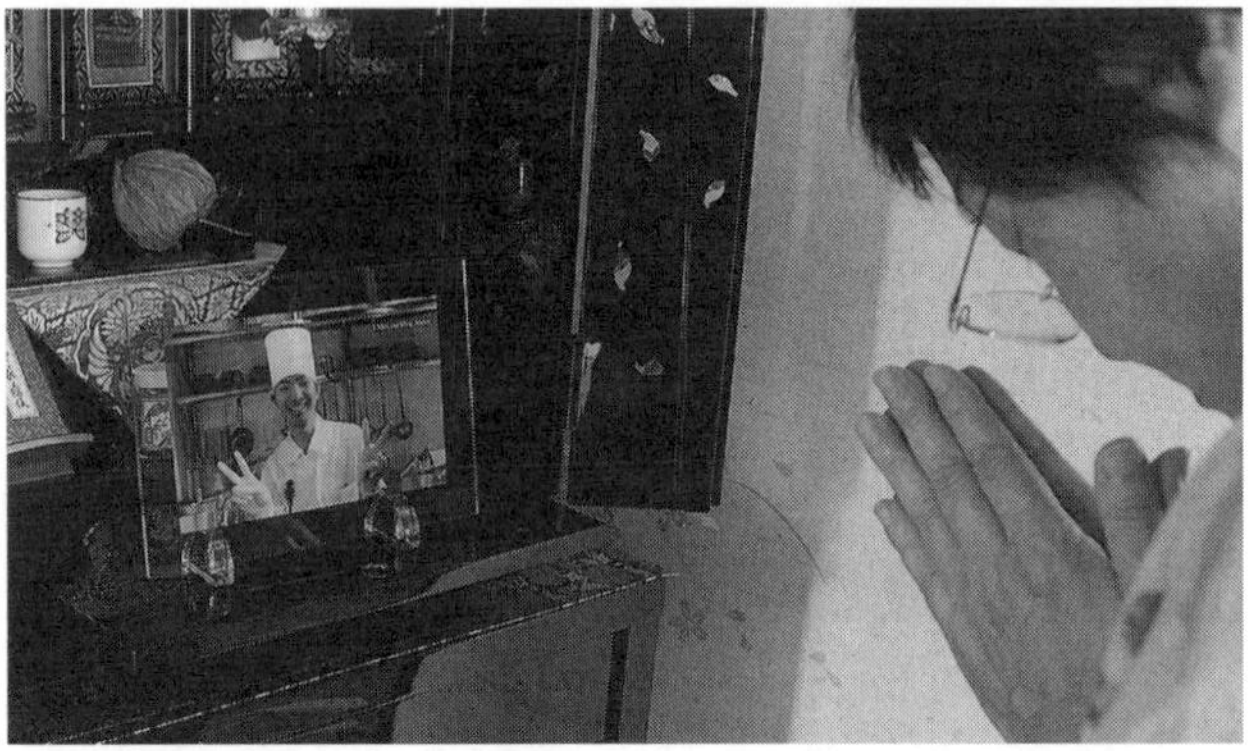

自宅で長男行康さんの遺影に手を合わせる平神純子さん＝南さつま市

幼い頃から料理をするのが好きで、専門学校に進み、調理師免許を取った。レストランに勤めて3年目。突然、自らの人生に幕を下ろした。遺書はなかった。

友人から後日、亡くなる1、2カ月前に行康さんがインターネット上の交流サイトに残したメッセージを教えられた。

苦悩をうかがわせる内容だった。

6月24日〈なんか切ない。毎日同じ事の繰り返し。そこから何も伸びない自分。もうここまでなのかな〉

7月2日〈そろそろヤバいかな。飛び降りる自分を想像してたり。現実になったら僕はここにいないね〉

平神さんは当時、仕事に追われ、行康さんとゆっくり話せなかったことを悔やむ。

「最後に話したとき、私は一人前の調理師になるため頑張れと励ましていた。あのとき休んでもいいんだよと言えていれば……」

毎日、仏壇に線香を上げ、遺影を見つめる。息子を救えなかった自責の念が消えることはない。

国が07年に策定した自殺総合対策大綱は、自殺を図った人の大多数は、うつ病などの精神疾患を発症していると指摘する。

自殺予防には、精神疾患の早期発見、早期治療が重要とされる。

「息子は心の病になっていたのだろう」と平神さん。ただ行康さんが受診した形跡はなかった。

大綱は「わが国では精神疾患に対する偏見が強く、自殺を図った人が精神科を受診している例は少ない」と指摘し、偏見をなくす取り組みが必要としている。

平神さんは「息子の死を生かすためにも自死（自殺）を減らすための活動をしたい」と思い続けている。

悲劇から6年。前を向けたのは、同じ境遇の人が集まる「こころ・つむぎの会」との出合いがあったからだ。

闇と光の日々② 自死遺族

語り合い心癒やす

自ら命を絶った人の遺族が心を癒やす場所がある。「こころ・つむぎの会」。鹿児島県が2009年に立ち上げた。

2カ月に1回、鹿児島市の県精神保健福祉センターに集まる。大切な人を失った悲しみや近況を語り合う。

7月末には初めてフォーラムを開いた。遺族以外にも参加を呼び掛け、約50人が参加した。

4人の遺族が代わる代わるマイクを握った。体験や胸のうちを語っていく。涙ぐみ、声を詰まらせながら。

その中に、鹿児島市の小浜睦子さん（64）がいた。2013年、うつ病を患っていた一人暮らしの姉を亡くした。

その前の年、市外にある姉宅に泊まりに行った。電話で「死にたい」とこぼすことがあったからだ。ふっくらした、話し好きな、かつての姉はそこにいなかった。「部屋の電気もつけず真っ暗な中で、見まがうように痩せていた」

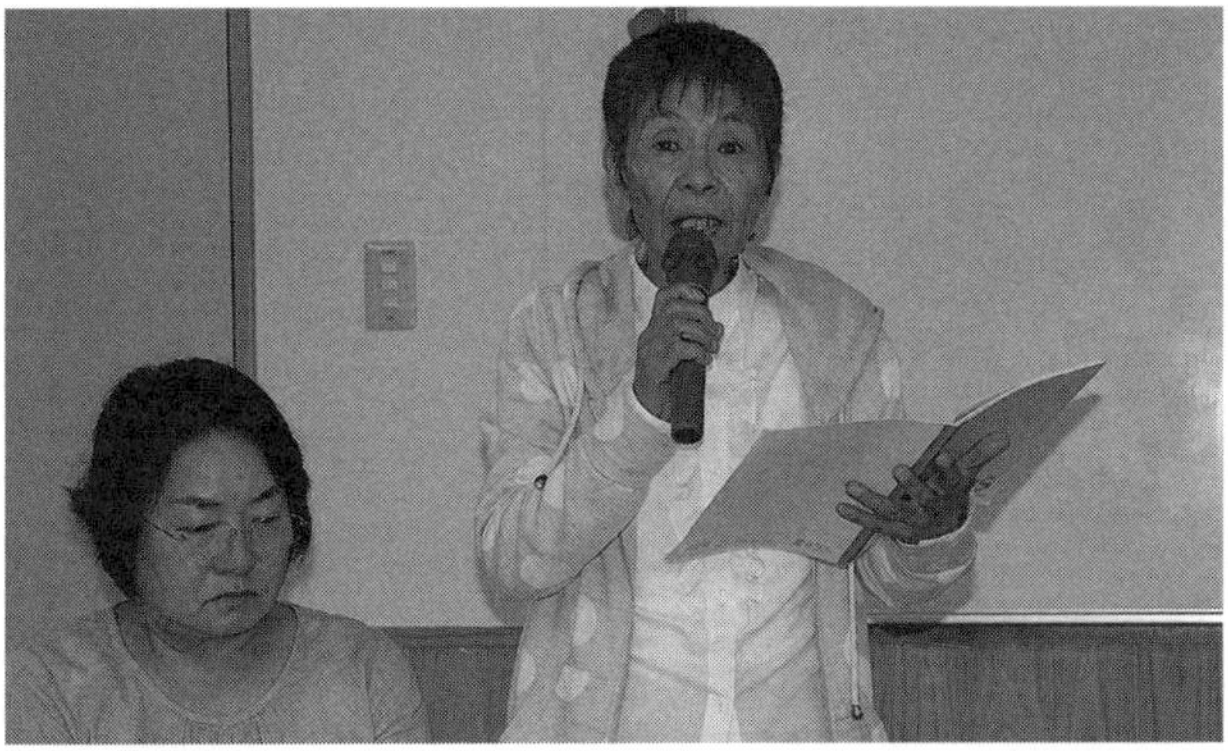

自死遺族の「こころ・つむぎの会」フォーラムで体験を語る小浜睦子さん（右）＝鹿児島市の県精神保健福祉センター

姉は数年前に夫を亡くし元気がなかった。しかし一緒に食事するうちに笑顔が戻った。再会を約束し別れた。

8カ月後、姉の訃報が届いた。

小浜さん自身も40代でうつ病と診断された。幾度も命を絶とうとしたことがあった。

家事や仕事に追われる日々。人間関係の悩みが重なり、体調を崩した。「体が鉛のように重く、手を挙げることすらつらくて」。仕事をやめ、自宅に引きこもった。

「私はこの世からいなくなった方がいい」。飲めない焼酎を一気飲みして、睡眠薬で死ぬつもりだった。

しかし吐いて、薬を飲めなかった。ほかの方法も試みたが「死ねなかった」。

うつ病は、ストレスや疲労が原因で起きるとされる気分障害の一種。症状が重いと自ら死を選ぶケースもある。

そうした危険性を認識していたのに姉の死を防げなかった。悔しさと苦しみの中、「つむぎの会」を紹介され、救われた。

何度か通ううち、働き盛りの夫を亡くした50代の女性が参加した。悲しみに沈む彼女に「抱きしめてほしい」と言われ、迷わず抱きしめた。

鹿児島県内では近年、年間400人前後が自殺している。14年の自殺率（人口10万人当たりの自殺者数）は都道府県別で10番目と高い水準だ。

同じような悲劇や、遺族の後追いを防ぎたいとの思いから、小浜さんは会の仲間とフォーラムを企画したのだ。その会場でこう訴えた。「どうか一人で抱え込まないで」

フォーラム後、新たに会に加わる遺族がいた。「うれしかった」。心のつながりが、小浜さん自身の心を支えている。

闇と光の日々③　発症

幻聴に振り回され

「恵比寿ガーデンプレイスで待っている」。東京にある有名な商業施設に呼ばれ、4時間待たされた。「渋谷に来い」「次は新宿だ……」

耳元で聞こえる「声」が指示した場所に行くと、新しい指示が出る。そのたびに駆けつけた。

「声」は現実のものではない。幻聴だった。しかし真に受けて、自転車や徒歩で朝から晩まで移動した。

力尽きて自宅アパートに帰れない。24時間営業のファストフード店で夜を明かしたこともあった。目を覚ますと、また「声」に導かれ移動した。「東京23区はほぼ回った」

現在鹿児島市内に住む有川さんが18年前、22歳のときに体験した。

専門学校やアルバイト勤務を経て、東京で大学を目指し受験勉強しているさなか、統合失

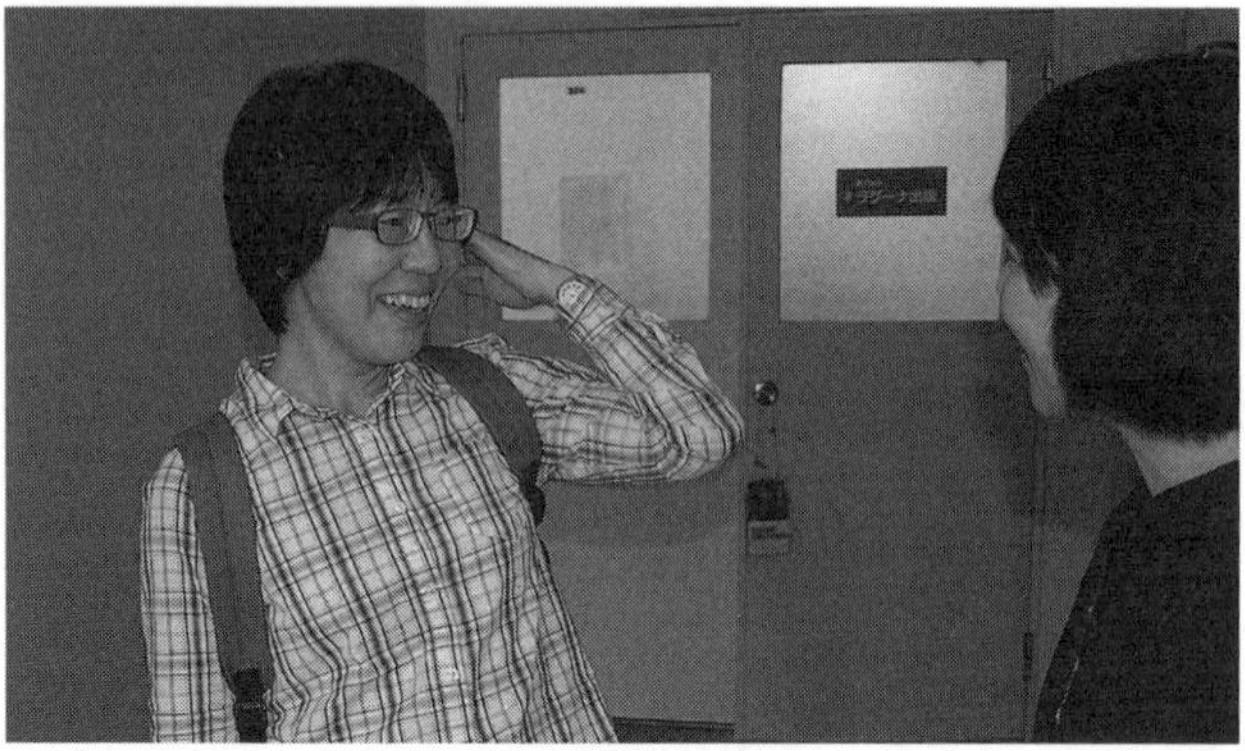
ラグーナ出版のスタッフと言葉を交わす有川さん（左）＝鹿児島市西千石町

調症を発症した。

幻聴や幻視といった幻覚、妄想が特徴的な症状で、100人に1人近くがかかる。精神科の入院患者に最も多い、代表的な精神疾患だ。

有川さんには当時、幻視もあった。「目の前が真っ赤に染まり、道行く人々が溶け、うめき苦しんでいるように見えた」

冬の寒い夜、「悪魔から逃げるため」自宅を出た。千葉の知人宅に向かう途中、警察に保護され、千葉の精神科病院に入院した。

2年前、母親をくも膜下出血で亡くした。そのショックから精神的に不安定になっていた。

千葉から移った鹿児島市内の病院で症状が収まり3カ月で退院した。

映画館でバイトを始めたものの、「人間関係がうまくいかず自殺未遂をした」。その後、夜の街で叫んでいるところを再び警察に保護された。

気がついたら精神科病院の隔離室だった。

隔離は、患者が自らを傷つける恐れがあるときなどに危険を回避するために行われる。しかし有川さんにとっては屈辱でしかなかった。「柵のある狭い部屋で両手両足をベッドに縛られた」記憶は、今も心の傷として残る。

光が差したのは退院から数年後、33歳のときだ。鹿児島市内の通院先の病院で一枚のポスターが目に留まった。

「シナプスの笑い」。全国の精神障害者の作品を発信する文芸誌だ。エッセーや詩、小説を募集していた。

有川さんは、幼少期から文学好き。実家での療養中に、病気の体験を小説化していた。シナプスの笑い発行元のラグーナ出版は、通院先の近くにあった。「行ってみようか」。父親に誘われた。勇気を振り絞って足を運んだ。

その一歩が、本格的な社会復帰への足掛かりとなっていく。

闇と光の日々④　再生

職場や親の支えで

ラグーナ出版は鹿児島市西千石町にある。精神障害のある28人が働く全国でも珍しい出版社だ。

一般就労が難しい障害者のための就労継続支援A型事業所として、市の指定を受ける。20代で統合失調症になり幻聴に苦しんできた有川さんは２０１２年、36歳のときから雇用契約を結ぶ。週５日、午前中の勤務で、原稿の入力や校正を行う。

10年ほど入退院を繰り返していたが、33歳でこの出版社を知り、生活が少しずつ好転する。

すぐ働けたわけではない。初めは、この出版社が発行する精神障害者の文芸誌「シナプスの笑い」へ投稿した。

小説が採用され、連載を任された。病気の体験に基づいた作品を次々に送った。

そんな中、ラグーナ出版社長で精神保健福祉士でもある川畑善博さん（48）から父親との交換日記を勧められた。

精神障害に関する書籍を精力的に発行するラグーナ出版＝鹿児島市西千石町

文芸誌に掲載するためだったが、有川さんの心に好影響を及ぼすと川畑さんは期待していた。

○月×日

娘「パパと久しぶりにウオーキングできたね。アザミの花がキレイだったよ」父「アザミの花は紫色をしているが、わが家の庭のアザミは白色でとても珍しい」

○月×日

父「立派なことを言っても実行しなければ誰からも相手にされなくなります」娘「日記は終わり。パパのように立派に生きられません」「感情的になってしまいました。これからも忠告お願いします」

○月×日

娘「心が不安定です。落ちつかずストレスは山積みです」父「待てば海路の日和あり。あせらずじっくり待ちましょう」

2年間、本音をぶつけ合った。親子の絆は少しずつ深まった。有川さんは薬の服用を勝手に中断することもなくなり、体調は回復していった。

再び働くことを目指し、ラグーナ出版が運営する自立訓練事業所に通う。日常のことを語り合い、パソコンや英会話を学ぶ。生活を整えていくプログラムだ。

そして1年後、晴れて就職できた。長年悩まされた幻聴は「いつの間にか消えた」。今は鹿児島市のマンションで一人暮らしをする。交換日記は「思い悩んだときに開く」心のよりどころになっている。

月給は5万円弱で、親の仕送り抜きには生活できない現実も横たわる。「もう少し稼げるようになりたい」

16年8月下旬、有川さんと会った父親は「私も歳だから先々が心配。病気を理解してくれる、いい男性が見つかればいいんだが……」とこぼした。有川さんも思いは同じだ。

闇と光の日々⑤　長期入院

22年鉄格子の中に

「困っていることはない？」。診察室で精神科医の森越まやさん（56）が優しく語りかける。東瀬戸サダエさん（78）は、にこやかに首を横に振った。

2016年7月下旬、鹿児島市西千石町に開業した精神科・心療内科のラグーナ診療所。真っ先に診察を受けたのが東瀬戸さんだった。

これまで統合失調症や双極性障害（そううつ病）と診断されたことがある。ただ近年は症状が落ち着いて表情は明るい。

「これからの生活でやりたいことは？」と森越さん。「やっぱり短歌を詠むことかな」

東瀬戸さんは09年、「風の歌を聴きながら」という本を出した。病気や入院の体験をつづった。出版元はラグーナ出版。森越さんが役員を務めている。

そんな縁があり、出版社の隣に診療所ができたのを機に、通院先を変えた。

精神科医の森越まやさん（左）の診察を受ける東瀬戸サダエさん＝鹿児島市西千石町

「前の病院に50年も行っていたから。気分転換よ」。精神科との付き合いは半世紀を超え、入院は22年に上った。

〈現代の棄民と言はるる障害のわれ二十二年を鉄格子に生く〉

本の冒頭に収めた自作の短歌だ。入院した精神科病院は鉄格子に覆われていた。病気が改善しても引き取り手がなく、病院で生涯を終える人もいた。

15年の県の調べで、10年以上入院している県内の精神疾患患者は2千人を超す。

東瀬戸さんは、養護老人ホームで暮らす今でこそ、「病気や入院生活は私の財産」と言い切れる。ただ二度と経験したくない苦しみを味わったのも事実だ。

初めて入院したのは１９６４年。東京五輪の年だった。当時26歳。県外の喫茶店でウエートレスをしていた。住み込みで早朝から深夜まで働いた。忙しくて食事もままならない。眠れなくなり精神的に追い込まれた。

気づくと店でカミソリを買っていた。助けを求めるように近くに住む姉の家に行くと、幻覚が現れた。「姉の耳が牛の耳のように大きく見えて、絶叫した」

いったん寝たが、目を覚ますと、「私は死ぬべきだ」と思い手首を切りつけた。

それから鹿児島市の精神科での長い入院生活が始まる。世間には今以上に病気への偏見や差別があった。

病棟の屋上で洗濯物を干していると、近くの建物から、ばかにするジェスチャーをされた。院外を散歩したとき、病気をやゆする言葉を何度もぶつけられた。「悔しかった」

閉鎖病棟で毎日、退院のことばかり考えていた。

闇と光の日々⑥　社会復帰

短歌で生きる喜び

「死ぬまでここにいるのか」。鹿児島市の精神科病院に26歳のとき入院した東瀬戸サダエさん（78）は、なかなか退院の願いがかなわず、絶望的な気分に襲われていた。

入院から17年。思わぬ形で退院が決まる。身元の引き受け手が現れたのだ。病棟に週1回来ていた美容師。訪問のたびにその仕事を手伝い、退院への思いを再三訴えていたのが伝わった。

住み込みで掃除や洗濯、買い物、必死にやった。43歳にして初めて自動販売機を使った。「何もかも新鮮だった」

しかし実社会から隔絶された年月はあまりにも長かった。入院中に週1回手伝うのと、美容室での連日の仕事はストレスに雲泥の差があった。

眠気が頻繁に襲う。「仕事をこなせなくて不安感が高まって逃げ出した」。結局3年余りで再入院となった。

東瀬戸さんが最初に退院した1981年頃は、地域生活を支える福祉サービスがほとんどない時代。長期入院者の社会復帰は今より難しかった。

ただ再入院先で、生きる喜びを取り戻すきっかけをつかむ。歌人でもある医師に勧められ短歌を始めたのだ。

「歌を作っては回診のたびに見てもらった」。短歌の結社に入り毎月、歌を送った。病気は次第に回復し約3年で退院し、同じ病院に入院していた女性と共同生活をすることになった。

65歳のとき、歌文集「重きものを負ふ」を出版した。何かと面倒をみてくれた今は亡き兄の勧めだった。出版動機について兄は手記にこう書いた。「同病障害者の慰めと励ましの一助になれば」

歌文集は新聞に紹介され、同じ障害で苦しむ人や家

ラグーナ診療所で知り合った男性と握手する東瀬戸サダエさん＝鹿児島市西千石町

族から反響があった。喜びが自信になる。以来、症状が悪化することはなくなった。

歌文集を出した年、水中ウオーキングのために通い始めたプールで、同世代の男性と知り合う。彼は身体障害者。「自分の病気も自然と打ち明けられた」。お茶を飲みながら話をした。胸がときめいた。「彼は川柳を作っていて私は短歌。互いに披露し合った」

しかし、あるときから姿を見なくなる。後日、新聞の死亡広告で訃報を知った。

〈君逝きてわが老春の終わりたり梅雨の晴れ間の風鈴を聴く〉

「病気で家族や周囲に迷惑をかけてきた」。社会に役立ちたくて、医学研究のため自らの遺体の献体を登録した。

5年前、女性との共同生活をやめ、養護老人ホームに入った。要介護度が上がったためだ。

飛行機も新幹線も乗ったことはない。今はつえをつき、バスで診療所に通うのが楽しみだ。

闇と光の日々⑦　断酒40年

依存症と闘い続け

「酒のせいで何度も警察の世話になった」

アルコール依存症のため入院したことのある鹿児島市の山本成甫《まさとし》さん（78）が壮絶な体験を語り始めた。

２０１６年8月、指宿市の指宿竹元病院であった、アルコールやギャンブルなどの依存症患者を抱える家族向けの勉強会だ。

断酒歴40年という。10代のとき、県内の離島を出て神戸で働き始め酒を覚えた。飲んで車を運転し人をはねてけがをさせたり、傷害事件を起こした。

29歳で結婚し子供にも恵まれた。だが給料は酒代に消える。酔っ払って妻に暴力を振るったこともあった。「5年で妻子に逃げられた」

それでも飲み続けた。知り合いがいて働き口があった鹿児島市に来た。その日から「1升

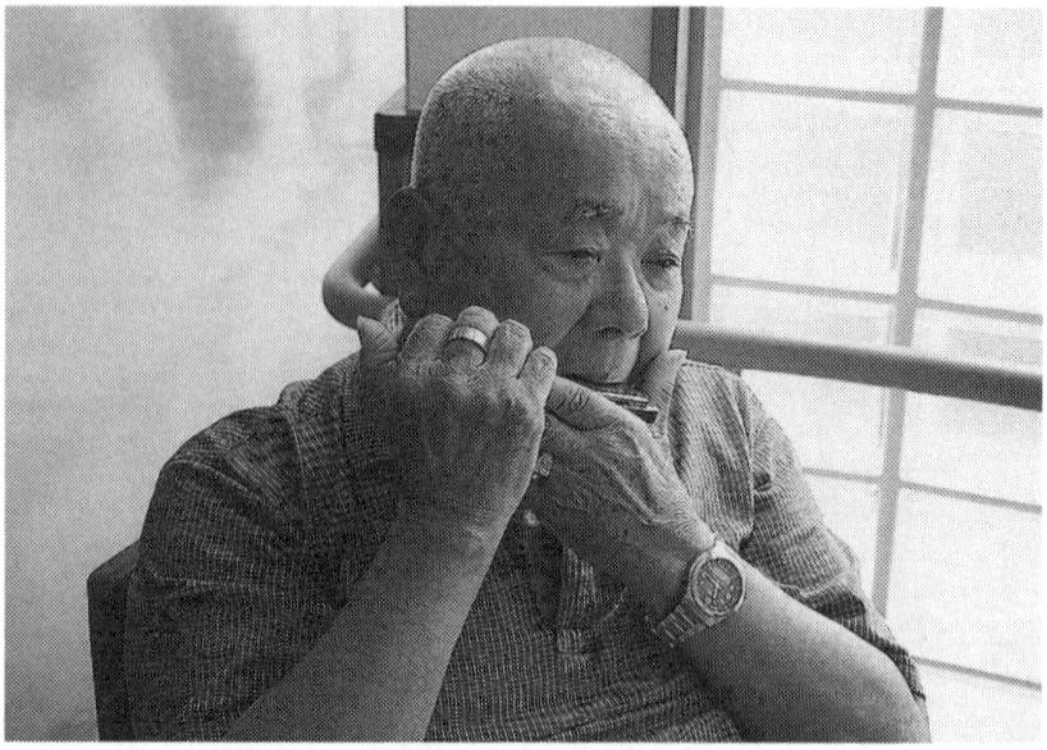
得意のハーモニカを披露する山本成甫さん

の焼酎を毎日のように飲んだ」。

製材所で働きながら2年半、昼夜を問わず飲んだ。最後は体を壊した。飲めなくなると、禁断症状が出てきた。

居るはずのない親が目の前に来て説教する。幻覚だった。幻に向かって暴れ回った。「連れて行かれた警察でも暴れて、入院させられた」

最初の2週間は隔離室で禁断症状に苦しんだ。その後、取り組んだ「内観療法」で自分は変わったという。

びょうぶで小さく仕切られた畳部屋。親やきょうだいにしてもらったこと、してあげたこと、迷惑をかけたことを思い出す。何日も続けた。

そしてようやく気づいた。「してもらったことはいっぱいあるけど、してあげたことは一つもない。これではアカン」

療法のかいあって9カ月で退院した。仕事をくびにならず、復職できたのも助かった。すぐにアルコール依存症患者の自助グループ・断酒会に入った。

40代で再婚することもできた。同じ病院に入院していた女性だ。「6年前に亡くなったが、妻のおかげで断酒を続けられた」

今はさまざまな断酒会に顔を出す。一滴でも飲んだら再発する。飲まないためには断酒会で思いを吐き出し、ストレスをためないことだ。

アルコールの代わりに覚えたのがハーモニカだ。高齢者施設を訪問し演奏している。

「これからも楽しく一日でも長く断酒をしたい。依存症患者の家族は本当に大変だと思うが、強く生きてほしい」

指宿竹元病院で山本さんの話が終わると、周りには、依存症患者の家族が集まってきた。

山本さんはハーモニカで童謡の「ふるさと」を披露した。ギャンブル依存症の子を持つ母親が目に涙を浮かべ、「ありがとう」と頭を下げた。

闇と光の日々⑧　家族の願い

病気へ理解広がれ

小学6年生の女の子はクラスメートにこう言われた。「白目をむいて倒れていたよ」全身がけいれんし、意識を失っていた。学校で何度か発作を起こした。病院に行くと「てんかん」と診断された。

学校で「けいれん女」と言われた。いじめも受けた。薬の副作用で両手に発疹ができた。両手に包帯を巻いて行くと「ミイラ」と言われた。

発作が怖くて中学で水泳の授業を休んだ。「理由を説明しても担任教師から怠けと決めつけられ、怒鳴られた」

高校には行かず家に引きこもる。「両親にも反発してばかりだった」

ハローワークに通い、仕事を探したが、ことごとく不採用になった。「自分は生きる価値がない」。何度も死のうと思った。

てんかんは、意識を失い反応がなくなるなどの発作を繰り返す。国内の患者は60万～100万人。大半は服薬で発作を抑制できる。

てんかんに理解のある家族に囲まれ、笑顔を見せる榎谷智子さん（中央）＝姶良市

しかし「どうして自分だけ飲まないといけないの」と服薬しないことがあり、その後発作に襲われた。「病気がみんなに知られるからやめて」。各種サービスを受けられる精神障害者保健福祉手帳や、医療費補助の手続きをしたくても、世間体を気にする親類に反対された。

父が急死し、家族は経済的、精神的に追い詰められていった。そんな中、転機が訪れる。今から10年前、23歳のときだ。

買い物に行った商業施設で発作が起きた。薄れる意識の中、自分を親身に介抱してくれる女性の姿が見えた。

「世の中捨てたもんじゃない」。踏ん切りがついた。「お母さん、私、オープンにする」。榎谷智子さん

（33）は、姶良市で一緒に暮らす母祐子さん（69）に告げた。

「周囲の誤解や偏見は自分が生んでいる。自分から話さないと理解してもらえない」

障害者手帳と医療費補助の手続きをした。祐子さんとともに日本てんかん協会鹿児島県支部に入会し、のちに兄剛さん（37）も加わる。

家族３人は県支部の仲間とともに、各地で医師や患者が話す講演会を開くなど、てんかんへの理解を広める啓発活動に取り組む。

「てんかんの仲間、さまざまな障害を持つ仲間を増やしていきたい」。３人は思いを共有する。

智子さんは平日、障害者のための就労継続支援Ｂ型事業所に通う。はし袋やつまようじ入れを作り工賃を得る。

「薬は一生飲む体の一部」と考えをあらためた。商業施設で倒れてから発作は起きていない。もう10年も心穏やかに暮らしている。

第2部

精神科 密着240時間

鹿児島県内にある二つの精神科病院に計10日、24時間密着取材した。県立姶良病院（姶良市）と、病床が486で県内最多のメンタルホスピタル鹿児島（鹿児島市）。二つの病院を通して精神科病院の今を見る。（2016年10月18日から11月1日まで）

精神科密着240時間 ① 保護入院

患者説得1時間――妄想強く緊張ほぐす

日付がもうすぐ変わろうとする深夜だった。他の医師が帰り、静まり返った医局内に携帯電話が鳴り響いた。

姶良市の県立姶良病院。県内唯一の公立精神科病院だ。当直の堀切靖副院長（53）がメモを走らせる。状況を一通り聞くと「それなら入院が必要ですね」と返した。

電話は警察署から。鹿児島市のフェリーターミナルで女性を保護した。「殺される」「死にたい」と意味不明の言動を繰り返しているという。

堀切副院長は女性の父親の携帯電話番号を聞き、すぐにかけた。

女性は千葉県在住の36歳。幻覚や妄想が出る統合失調症とアルコール依存症で、1カ月前まで都内の精神科病院に入院していた。

数日前、「友人に会いに行く」と鹿児島へ向かったという。

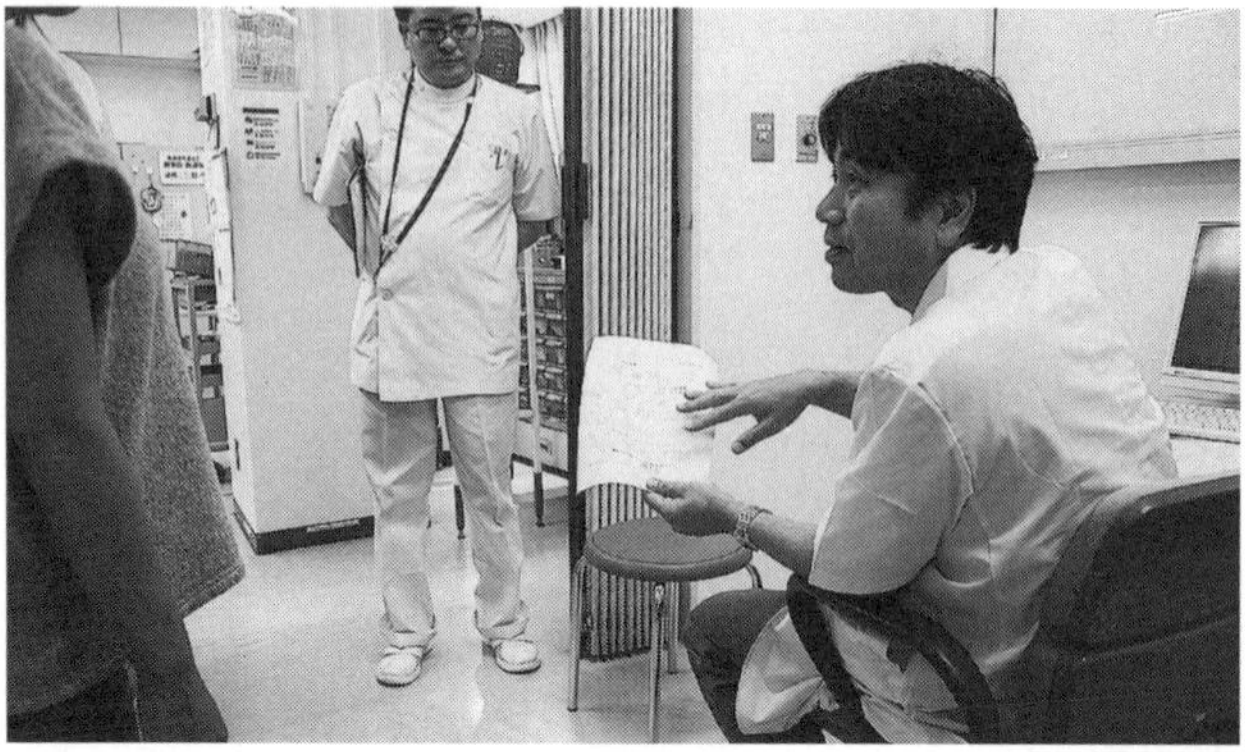

午前１時すぎ、患者に医療保護入院の説明をする堀切靖副院長（右）＝姶良市の県立姶良病院

堀切副院長は事情を把握すると、「お父さんの同意という形で入院させていいですか」と了承を求めた。父親は同意した。

「医療保護入院」の手続きだ。本人の同意がなくても家族らの同意があれば入院させることができる。精神科の患者は病気の認識がない場合があり強制的な入院が認められている。

堀切副院長は早速、女性が入院していた病院に連絡を入れた。病状や服用薬を確認するためだ。

警察署の電話から30分ほどたった午前０時すぎ、女性を乗せた警察車両が病院に着く。

だがそこから時間がかかった。女性が車を降りようとしない。ようやく降りても病院に入ろうとしない。入っても診察室まで歩こうとしない。

その間、「殺さないでください」「怖い」「助けてください」と叫び続ける。妄想に支配されていた。幻聴もあるようだ。ぶつぶつと独り言が続く。体を震わせ激しくおびえた。

堀切副院長らの説得が続く。「誰も殺さないよ」「安心して」「診察しましょう」。看護師や警察官も必死だった。結局、到着してから診察室に入るまで1時間ほど要した。

警察から一報が入った携帯電話は、精神科救急情報センター専用だ。センターは警察や消防からの要請に対応し、受け入れ病院を手配する。精神障害者が地域で暮らしやすい体制整備を進める県が、姶良病院に委託している。

従来、日曜祝日、年末年始のみの対応だったが、2015年秋から夜から翌朝まで一年中対応する体制に拡充した。この日は検討の末、姶良病院にそのまま受け入れた。

3日後、女性は薬の効果かやや落ち着いた。千葉から駆けつけた母親と診察室で面会した。「ごめんね」。消え入るような声で謝った。

翌日、母親に連れられ退院した。堀切副院長が書いた紹介状を持って都内の病院に行くという。

こんなふうに、姶良病院が扱った時間外入院（午後5時～午前8時半）は16年9月だけで17件に上った。

■鹿児島県立姶良病院

1924（大正13）年、鹿児島市宇宿に県立鹿児島病院精神科分院として開設。都立松沢病院に次ぐ全国で2番目にできた公立単科精神科病院。43年、現在地（姶良市平松）に移転し、92年に現名称。県内で唯一、医療観察法病棟、スーパー救急病棟がある。334床。

■メンタルホスピタル鹿児島

1930（昭和5）年、鹿児島脳病院として現在地の鹿児島市永吉に開設。県内初の民間精神科病院。64年、横山病院に改称。2015年、精神科急性期治療病棟、認知症治療病棟が入る新館を開設。病床を541から486床に減らし病院名を現名称に変更した。

精神科密着240時間 ②　救急病棟

手厚い人員で対応

県立姶良病院には、六つの病棟がある。中でも夜間の急患を受け入れることが多いのが、スーパー救急病棟（48床）だ。幻覚や妄想など精神症状が激しく不安定な急性期の患者らに対応する。

地域の精神科救急の拠点として全国で整備が進む。一般の精神科病棟より医師や看護師の配置が手厚い。集中的な治療で早期退院を図る。県内では姶良病院だけにある。2013年に開設した。

その夜も急患が入った。双極性障害（そううつ病）で半年前に1週間入院した30代女性だ。自宅に遺書らしきものを残し、昼すぎから行方不明になっていた。

午後8時前、当直の看護師が警察から電話を受けた。「無事発見」との知らせだった。

ただ、女性の車中には自殺するために用意したロープがあった。死の危険性は残る。心配した父親に連れられ来院した。なじみの病院だからか、女性は診察中、リラックスした様子だ。自殺しかけたようにはとても見えない。夫婦関係に悩んでいたという。「よく眠れる薬をください」と医師に求めた。

スーパー救急病棟の隔離室に女性が入ったのは午後10時前だった。

その直後。ナースステーションに入院中の10代女性が来た。ストレスから情緒不安定になる適応障害と診断されている。淡々とした口調で言った。「部屋をめちゃくちゃにしちゃった。いらいらしてやめられなかった」

看護師らは女性の病室に行き、絶句した。本を破ったのか、紙が散乱し、衣類などさまざまなものが、床にばらまかれていた。その上から水が掛けられ、びしょぬれになっていた。

午前0時半すぎ、スーパー救急病棟のナースステーションで業務の引き継ぎをする看護師ら＝姶良市の県立姶良病院

柔らかい口調で女性に聞く。「何でこんなことしたの?」。女性は「お父さんお母さんに大

嫌いと伝えて」と言った。水浸しの紙の中には「死ね」と書いた紙もあった。

両親が口をきかないほど不仲で、母親から身体的な虐待を受けてきた。それまでも親への恨みを話していたという。

消灯した暗い部屋で看護師は片付けを始めた。

「急性期の患者が多いため細心の注意が必要」とはスーパー救急病棟師長の山田誠さん(57)。

そのため、この病棟は入院患者16人に対し1人の医師、入院患者10人に対し常時1人の看護師、専従の精神保健福祉士2人といった具合に、厳しい配置基準が定められている。

一方で新規入院患者の6割以上を3カ月内で退院させることも求められる。薬で症状を和らげ、医師の面接や作業療法で病状の早期改善を図る。山田さんは「薬を勝手に断ち再発することもあるので服薬指導を徹底している」と話した。

精神科密着240時間③　看護

難しさとやりがい

「部屋に帰って寝てください。ここで寝たらダメですよ」。消灯後の病棟。多目的ルームのテレビ前の長いすに寝ていた男性患者に、女性看護師が声をかけた。

男性はゆっくりと体を起こし、自室に戻った。寝苦しくて部屋を出て、長いすで寝てしまったらしい。

六つの病棟に約250人が入院する県立姶良病院。午前1時すぎから8時半の深夜帯は、全病棟を把握する当直の医師・看護師のほか、各病棟に2、3人の看護師が詰める。

見回りは1時間置き。ペンライトをそっと照らして就寝状況や体調の異変などを確認する。おむつを交換したり水分を提供する場面もあった。

医療法に基づく人員配置基準で、精神科病院は他病院より医師、看護師とも少なく定められている。精神科特例といわれる。医師は3分の1でいい。看護師は、一般病床が入院患者

3人に1人なのに対し、精神病床は4人に1人で済む。だが、患者の病状が悪いときなど「人手が足りない」と感じる看護師は少なくない。

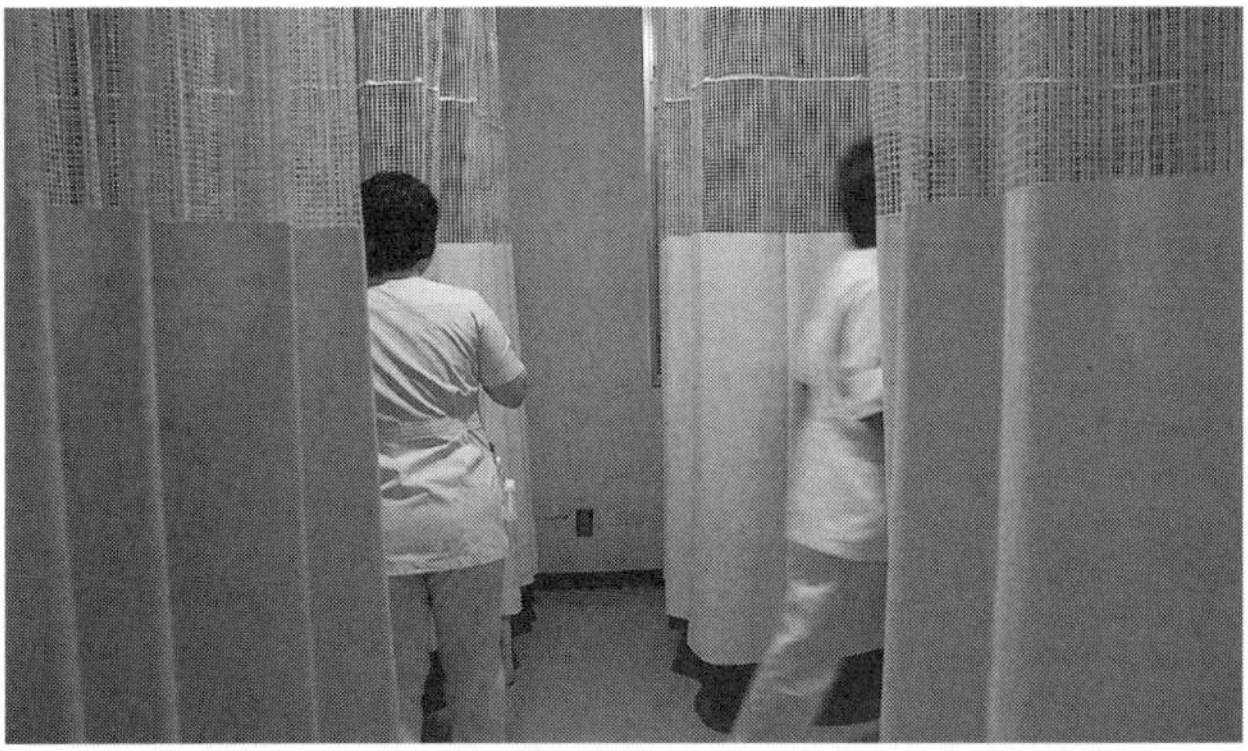

午前5時20分、ペアで病室を見回る看護師＝姶良市の県立姶良病院

「精神科は他科と違った難しさがある。看護師の言葉一つで病状が変わる。自傷他害の恐れがある患者への注意も必要で緊張が続く」。他の県立病院で精神科以外も経験してきた看護師は口をそろえる。

実際この夏、看護師が患者に殴られて負傷する事件が起きた。数人で興奮した患者の対応に当たることも、暴言を浴びることも珍しくない。

そのため姶良病院には男性看護師が多い。正職員の看護師118人のうち男性は44人。県内5県立病院の男性看護師総数の実に4割を占める。

状態が不安定な患者には粘り強く接する。自分は病気だという意識が芽生え、患者が薬をちゃんと飲むなど治療に前向きになる。時間をかけ状態が改善したり、退院につながったりしていく。

そんなとき患者からこんな言葉をかけられることがある。「あんときはごめんな」「話を聞いてくれてありがとう」。悩み続ける看護だけに、やりがいも大きいという。

ある日の午後8時すぎ。当直師長の山田誠さん（57）が外線電話を受けた。「上機嫌だね。アルコール入ってる？」と山田さん。冗談交じりに言葉を交わす。「じゃあ、また明日、楽しい話を聞かせてよ」

ほんの数分。電話は元入院患者からだ。夜ごと数件かかってくる。相手は一人暮らしが多い。「寂しさがあると思う」と山田さんは推し量る。

退院後、自ら命を絶った人も知っている。1件1件の電話をおろそかにできない。数分、一言一言が患者の命を支えていると信じている。

精神科密着240時間④　施設介護困難

認知症の受け皿に

認知症を患う男性（93）がメンタルホスピタル鹿児島（鹿児島市）を訪れた。60代の娘2人に付き添われていた。

認知症の症状は主に2種類ある。物忘れや判断力が低下する中核症状と、妄想や徘徊《はいかい》、暴言といった周辺症状だ。男性は最近、妄想から娘らを頻繁に非難するようになったという。

「3カ月以内に症状を改善して退院できるよう努力します。その間、節目ごとにお父さまの状況をご説明します」

認知症治療病棟の一室で、原園晃師長（52）が治療の流れを説明する。「そうしてもらえると助かります」。先行きに見通しが立ち、不安そうだった娘の表情が緩んだ。

精神科病院に入院する認知症患者は、年々増えている。

厚生労働省の2014年患者調査では約5万3千人。15年間で1・4倍に膨らみ、全入院患者約29万人の約18％を占めるまでになった。鹿児島県も同様の傾向にある。

多くは、周辺症状が激しくなり、在宅や施設などでの生活が難しくなった人たちだ。

認知症治療病棟は、こうした急性期の患者に対応する。14年6月末時点の県内病床数は１３７９床で、５年前に比べて22％増えた。

メンタルホスピタル鹿児島は15年12月に病棟を新設した。定員50人に対し約40人が入院する。主に興奮や攻撃性を和らげる薬を使い、地域で生活できる状態に戻していく。

生活環境の変化は、認知症の症状が進行するリスクの一つとされる。このため、患者がもともと暮らしていた場所に帰るためには、入院期間をできるだけ短くすることが欠かせない。メンタルホスピタル鹿児島は、３カ月以内の退院を目標に掲げている。

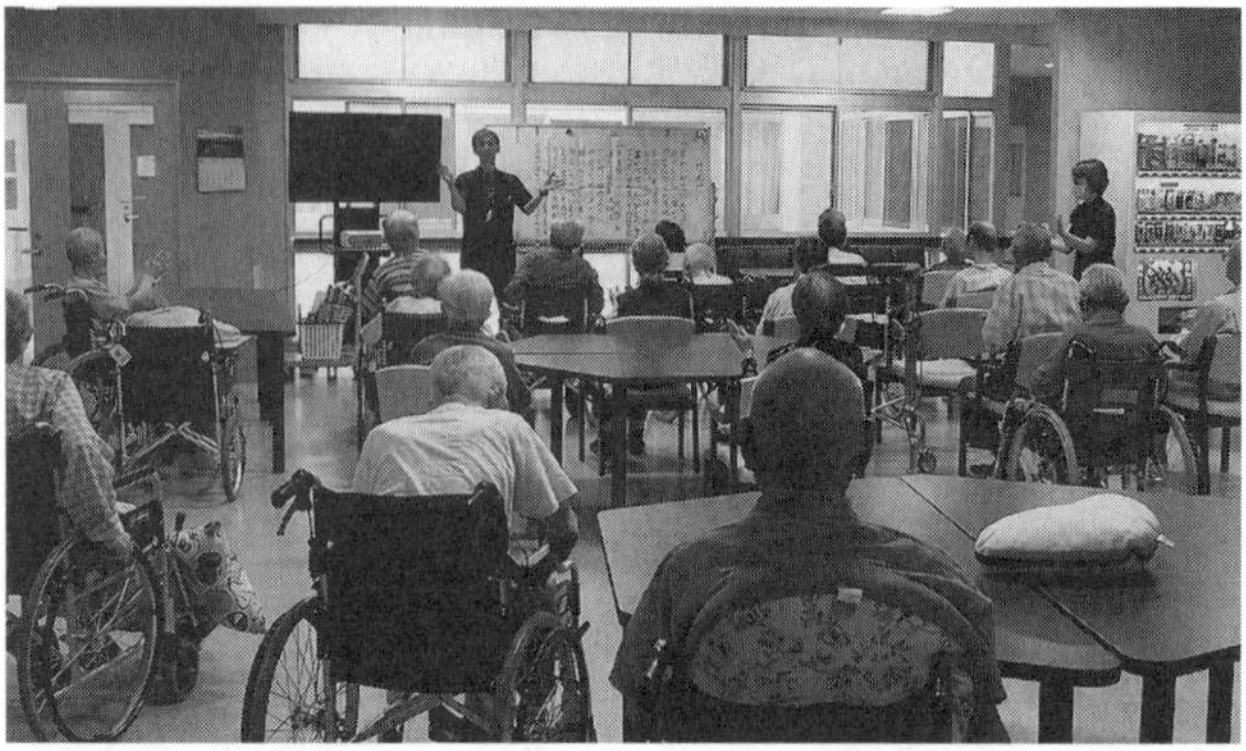
作業療法で歌う認知症治療病棟の患者＝鹿児島市のメンタルホスピタル鹿児島

だが、現実は厳しい。

「3カ月以上入院している人は、日数部分が赤く表示されています」

原園師長が入院状況を管理するパソコンを見せてくれた。15人の入院期間が赤い。最も長い人は300日を超えていた。

周辺症状が落ち着いても、入院前に苦労した家族が在宅復帰に難色を示すケースは珍しくない。介護施設は空きが少ないだけでなく、費用面で入院より割高になる点もネックになっている。

さらに、本来は認知症患者に「生活の場」を提供するはずの介護施設自体が、「介護困難」を理由に受け入れを拒むこともあるという。

人口の3割が65歳以上という超高齢社会の中、妄想などの対応に慣れた精神科病院が認知症患者の〝受け皿〟になっている――。認知症治療病棟は、そんな現実を浮き彫りにしていた。

精神科密着240時間⑤　身体拘束

高齢化で増加懸念

午後10時ごろ、メンタルホスピタル鹿児島（鹿児島市）の認知症治療病棟。ナースステーション横にある病室で、女性（84）がベッドに横になっていた。両手首と腹部にベルトが巻かれ、ベッドに固定されている。

「精神保健指定医の指示で拘束しています」。看護師が説明した。指定医は患者を身体拘束する権限を持つ。この女性は以前、夜間にベッドから降りようとして骨折した。その後、床にマットを敷いて寝ていたが、体調を崩しベッド上での点滴治療が必要となっていた。再び転落の危険性があると指定医は判断した。職員が少ない夜間に限り行動制限することにした。

行動制限はベッドに固定したり、おむつに触れないようつなぎ服を着せたりする「身体拘束」や、内側からドアを開けられない保護室へ入れる「隔離」などがある。精神保健福祉法に定められている。入院患者に自傷行為の恐れがある時などに認められる。

ただ、必要以上に行動制限をしない厳格な運用を求める流れにある。患者の尊厳を守るためだ。国は２００４年の診療報酬改定の際、行動制限を最小限にするため、検証する委員会の月１回以上の開催を促している。

メンタルホスピタル鹿児島でも医師、看護師ら約10人で構成する委員会を毎月開く。過去１カ月の行動制限の妥当性を再点検している。

「隔離が長期化しないよう努力してほしい」。９月の委員会で佐藤大輔院長（53）は厳しい口調で指示した。30日超の隔離が1件あったからだ。

この病院では、特に30日以上の隔離・身体拘束の減少に取り組み、近年その数を減らしている。複数のベテラン看護師は「今からすればかつては安易な隔離、拘束もあったが、職員の意識改革が進んでいる」と話す。

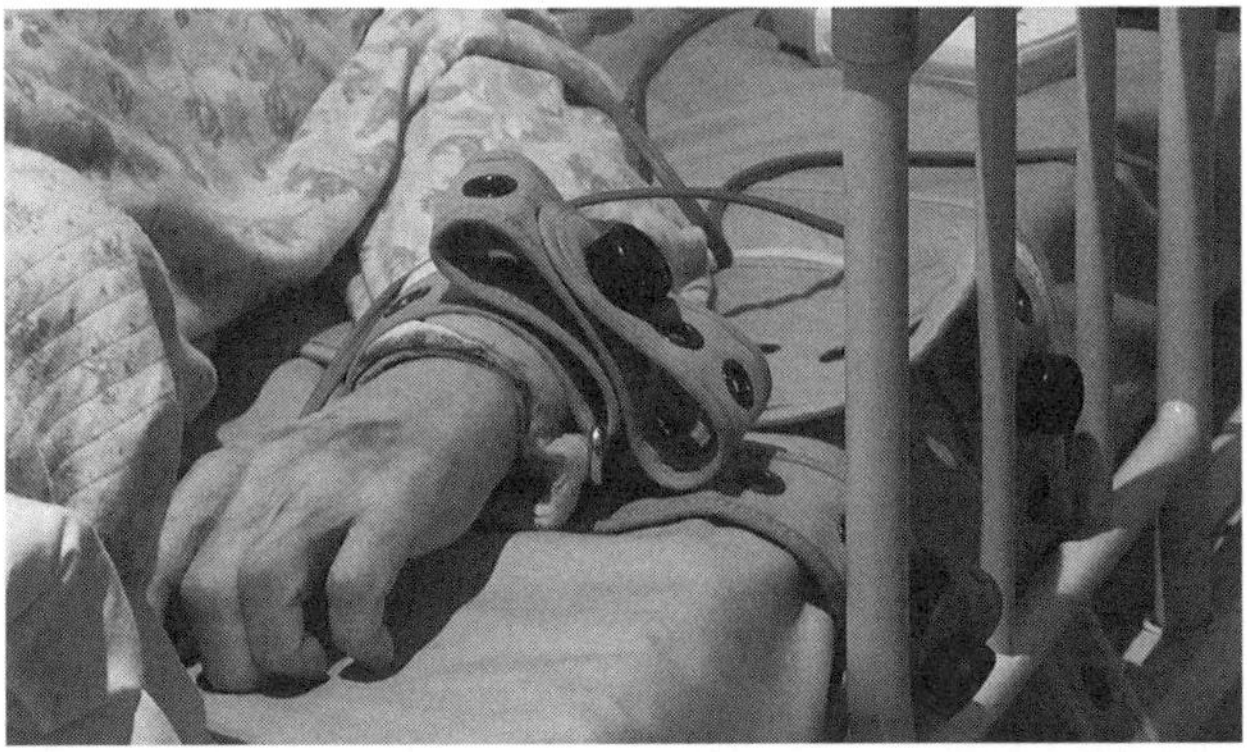

転落防止のため、ベッドに固定された認知症患者＝鹿児島市のメンタルホスピタル鹿児島

だが、単純比較できないが国の数字は異なる結果を示す。身体拘束、隔離とも増えているのだ。

厚生労働省の03年度と13年度の調査では、身体拘束は5109人から1万229人に倍増し、隔離も7741人から9883人と3割増えた。鹿児島県内でもいずれも増加している。

厚生労働省は「増加の原因は分析していない。調査するかどうか今後検討したい」としている。

精神科病院では入院患者の高齢化が進む。鹿児島県内では65歳以上が6割を占め、入院後に認知症を患う人も多い。限られたマンパワーでは安全管理が難しくなる状況があるようだ。

メンタルホスピタル鹿児島の下川充子看護部長（54）は「行動制限ゼロが理想。一方でけがなどの事故を防がなければならない。職員数を大幅に増やして見守りを強化しないと現実的には難しい」と打ち明ける。

精神科密着240時間⑥　電気けいれん療法

麻酔かけ負担軽減

県立姶良病院1階に「mECT室」がある。「修正型電気けいれん療法」専用の部屋だ。頭部に電流を数秒流し脳を刺激する。体の一部には、けいれんが起きる。週2回、数人を治療する。服薬で効果がない重症のうつ病や双極性障害（そううつ病）の患者らが対象だ。

室内にはベッドが1台。0・9アンペアの電流を出力する「治療器」は幅40センチほどと意外に小さい。医師と看護師の計6人が心電図や酸素マスクなどの準備を進めていた。室内にはオルゴール音楽が流れる。「患者さんが緊張しないようにね」。看護師の中尾喜代美さん（63）が教えてくれた。

入院中の60代女性が入室した。ベッドに横たわると、左右のこめかみに電極を取り付けられた。「麻酔をかけますね」。麻酔医が腕に薬を注入した。ストップウオッチを手に看護師が「1、2、3、4」と数え始める。約10秒で眠りについた。

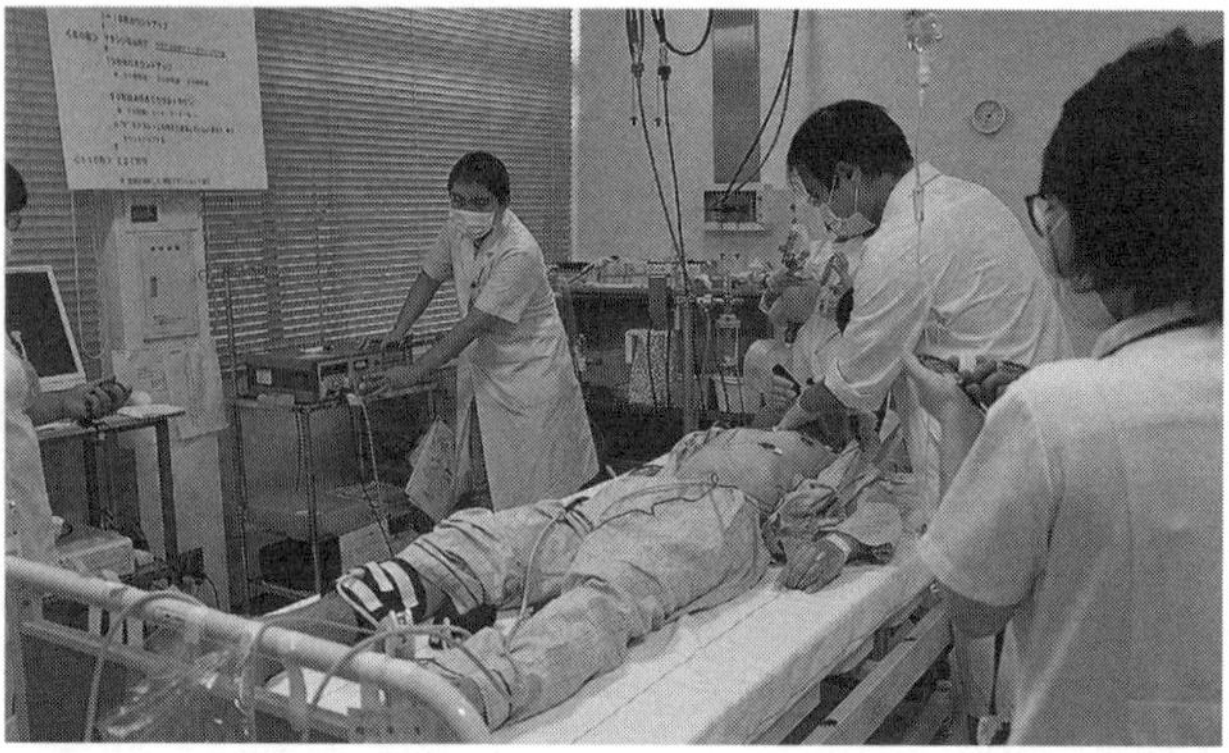

麻酔をかけ電気けいれん療法をする医師ら＝姶良市の県立姶良病院

全身のけいれんを抑えるため筋弛緩《しかん》剤を投与した。この薬が効いている間は自発呼吸ができない。手押しの人工呼吸器で管理する。

女性にマウスピースをはめた後、医師が治療器のスイッチを押す。ベルトで圧迫し筋弛緩剤が届かない足先だけが、ぶるぶると震える。

脳に通電した証しで約20秒で震えは止まった。30分後、目覚めた女性は少しぼんやりしていた。「大丈夫ですか」という看護師の問いかけに「はい」としっかり答えた。

実施前、患者か家族が同意書に必ずサインする。内容の説明文には「電気治療は１９３４年以来精神科で使われている歴史ある治療。多くの方が回復しました」とある。

麻酔や筋弛緩剤を使い痛みやけいれんを抑える「修正型」が始まる約20年前まで、全国の病院では麻酔をかけずに電流を流していたという。一部で「電気ショック」として懲罰的に使われた過去もあり、患者や家族の不安や恐怖心は根強い。

「それでもこの治療が残るのは確実に効果が出ているから」。強い自殺願望や激しい妄想・幻聴に苦しみ、食事もできなかった患者が回復した。堀切靖副院長（53）は何度も立ち会ってきた。

ただ、なぜ効果があるのか、はっきり分からない。平均7〜10回の治療が必要で、効果の続く期間は人によって異なる。実施後もうろうとしたり、記憶が欠落する副作用が起きることもある。

施設整備や麻酔科医の確保が必要なため、「修正型」を県内で行うのは姶良病院など数カ所だけだ。

「電気療法は、あくまで服薬治療がうまくいかない場合の最後の選択肢。患者の不安を和らげられるよう、丁寧な説明を心掛けている」と堀切副院長は話した。

精神科密着240時間 ⑦ 治療多様化

作業、心理面も重視

精神科での治療は服薬が中心だが、他の方法へ多様化しつつある。

県立姶良病院の調理室に、三角巾とエプロンをつけた患者6人が並んだ。基本的な料理を学ぶ作業療法のプログラムだ。メニューは冷やしそうめんと焼き魚。説明を受け調理に取りかかった。

うつ病で入院し10カ月になる男性(43)は、手際よく2品を仕上げた。「最初は間違って米を洗剤で洗ったりしたけど、できる料理が増えてきた。退院して自立するためにちゃんと覚えたい」と笑顔を見せた。

精神障害があると、コミュニケーションや生活能力が低下する場合が多い。作業療法は、その人らしい生活を送れるよう機能の回復や開発を図る。

病棟に1カ月の予定表が貼ってあった。園芸、歌、体操、グラウンドゴルフ……。平日の午前と午後、さまざまなプログラムが用意される。

リハビリテーション室長の峯戸松衛さん（49）が始良病院に勤めた1988年当時、作業療法士は1人だけだったが、今では7人に増えた。

活動や会話などで患者と密に関わり治療効果を引き出す。「骨折を治療するのとは違い効果は見えにくいが、一歩ずつ回復へ向かうためのお手伝いをしている」。峯戸松さんは胸を張る。

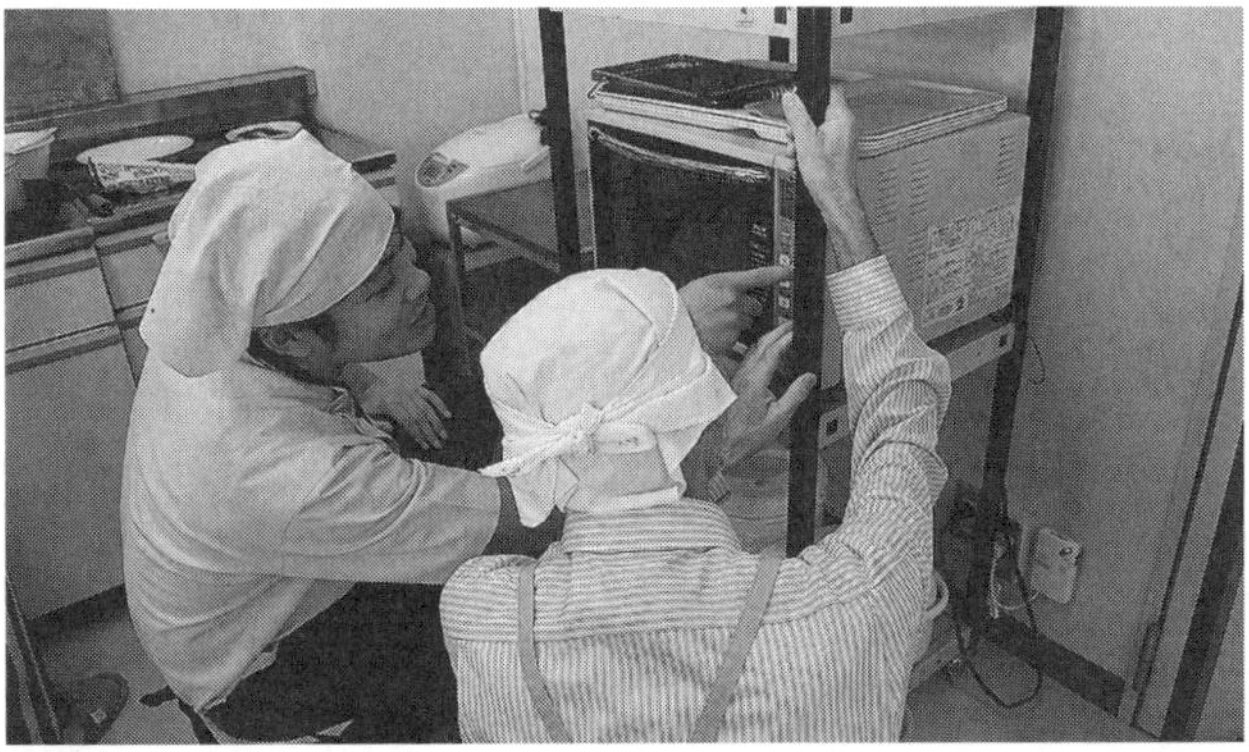

作業療法の料理プログラムでは電子レンジの使い方も学ぶ＝始良市の県立始良病院

対話を通して患者が心に抱える悩みや苦しみの解消を図る「心理（精神）療法」に取り組む臨床心理士。家族や地域と連携し退院を後押しする精神保健福祉士。作業療法士とともに近年、全国の精神科病院で増えている専門職だ。

始良病院でも、医師や看護師らと多職種チームを組み、患者を支える体制作りが進んでいる。

週2回の依存症ミーティングは、アルコールや薬物の依存症で入院する患者が参加する集団精神療法だ。

どんな時に酒や薬物が欲しくなるか。もし退院後に繰り返したらどうするか。多職種がそれぞれの観点から質問し、本人に考え方や行動の癖を気づいてもらう。

一方で、服薬環境にも変化が見られる。

院内の薬局棚にずらりと並んだ精神疾患の薬。統合失調症の幻覚や妄想を抑えるものや、睡眠薬、不安をとるものなど、約３００種類ある。

「薬は改良が進んだ。１人が飲む量は、ここ10年で確実に少なくなっている」と山畑良蔵院長（59）。国は近年、精神疾患薬の処方を抑える方向に診療報酬を改定している。副作用や依存を防ぐため、安易な投与に警鐘を鳴らす。

治療計画を立てる医師は、作業療法や精神療法を積極的に取り入れ、薬にだけ頼らない患者の回復を模索している。

精神科密着240時間 ⑧ 精神鑑定

総合力で重責担う

県立姶良病院のナースステーション内側の壁には、入院者一覧が掲示されている。その中に「鑑定」と書かれたマグネットがついていた。精神鑑定の対象者だ。4人が入院していた。

精神鑑定は、検察官や裁判官が法的な判断をする際、参考にするため精神科医らに依頼する。

精神障害が疑われる事件容疑者の刑事責任能力を診る鑑定や、心神喪失者等医療観察法に基づく鑑定などがある。

医療観察法の鑑定は、重大事件を起こし不起訴、無罪となった人を約2カ月入院させ、専門機関での治療の必要性を診る。

刑事責任能力の鑑定は本鑑定と簡易鑑定に分かれる。姶良病院の場合、本鑑定は鑑定留置中に2～3カ月入院させて行い、簡易鑑定は1回の面接で終わることが多い。

始良病院で鑑定できる医師は約10人という。「鑑定は起訴・不起訴の判断に影響する。責任と心理的負担は相当重い」。殺人容疑者ら多くの鑑定を手がけた山畑良蔵院長（59）が打ち明ける。

裁判員裁判が始まった2009年以降、全国で容疑者の本鑑定を行うための留置件数が急増した。最高裁によると、08年は242件で15年は483件。検察が裁判員に分かりやすい立証を意識した影響とみられる。

始良病院の14年の各種精神鑑定の実績は計24件。05年に医療観察法が施行されてから増加傾向にあるという。

精神鑑定について議論することもある医局会＝始良市の県立始良病院

「調子はどうですか？」。病棟を案内された際、山畑院長が鑑定入院中の女性に話しかけた。患者がテレビを見たり食事をしたりする広間だ。

鑑定対象者とはいえ隔離されるわけではない。自然と他の患者と触れ合う。山畑院長は「鑑定をする上で対人関係を見ておくことは重要」と教えてくれた。

「多角的に患者の情報を集めることを心掛けている」とは、ある男性の本鑑定を担当している新里研吾医局長（48）。

鑑定では、通常の診察の合間を縫い対象者と面会を重ね、捜査資料を読み込む。病院の臨床心理士に人格や精神障害を探る心理テストを依頼する。看護師から対象者の日常の様子を聞き、脳の異常を診る検査もする。

他の医師に助言を求めたり、医局会で議論することもある。重責を病院の総合力で担う体制と言える。

ただ最後は担当医の決断だ。新里医局長は「本鑑定なら鑑定書は20～30枚。精神障害の診断、障害と犯行の関係、刑事責任能力を盛り込む」。

それで終わりとは限らない。「公判に出廷を求められ厳しい尋問を受けることもある」。患者の治療と別次元にある医師の苦悩を垣間見た。

精神科密着240時間⑨　医療観察法病棟

再犯防ぐ治療徹底

県立姶良病院には「医療観察法病棟」がある。心神喪失者等医療観察法に基づき2010年に新設された。県内唯一の国指定入院機関だ。

殺人や放火など重大事件を起こした人が、精神障害のため刑事責任を問えないとして不起訴や無罪になり、入院が必要と判断された時に入る。

法務省の許可を得て取材した。インターホンを押し、強化ガラス製の厚いドアを開けてもらう。警備室前で所持品を確認される。靴を脱ぎ金属探知機のゲートをくぐる。ボディーチェックを受け、ようやく中に入れた。

入院患者は16人（男性12人、女性4人）だった。平均44歳。ほとんどが統合失調症という。

多目的ホールでは数人がお茶を飲んだり新聞を読んだりしていた。重大事件を起こした人たちとは思えない。落ち着いた時間が流れていた。

病棟は全て個室。ドア上部は片側へ低くなるように弧を描いている。ひも状のものを掛けられない造りだ。床や壁も、自殺やけがを防ぐため弾力性がある。

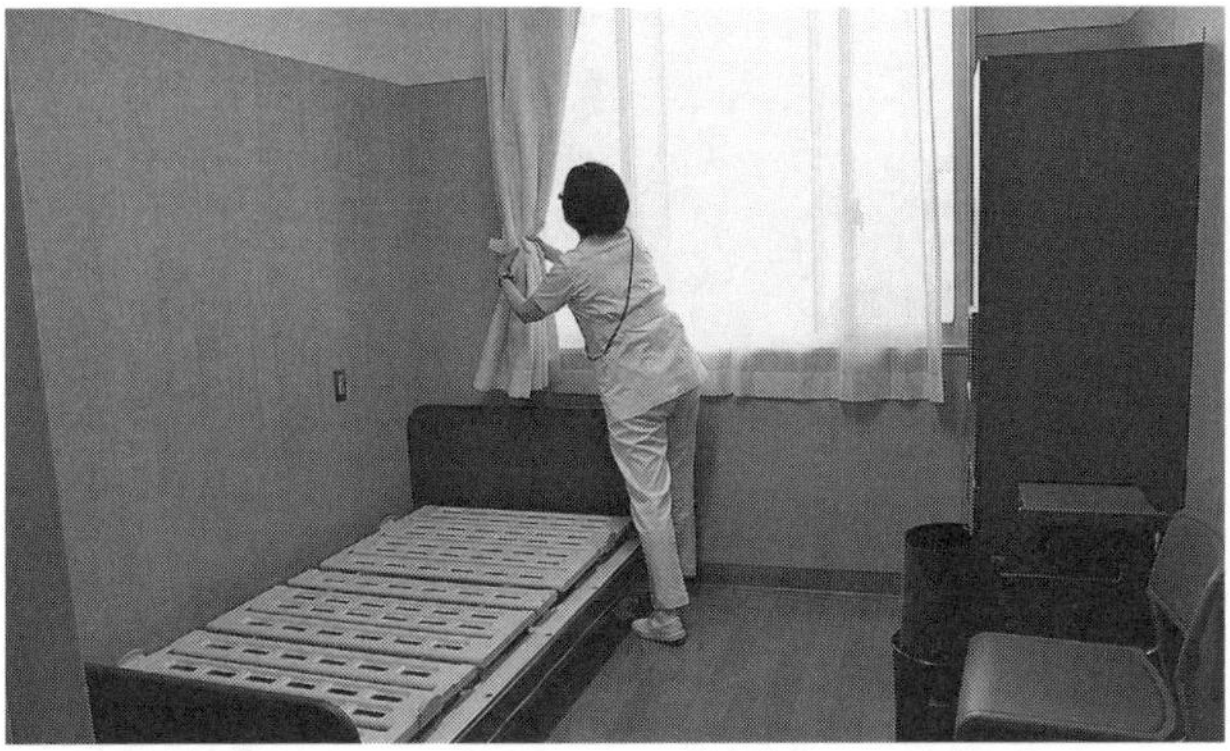
医療観察法病棟の空き部屋。この病棟はすべて個室になっている＝姶良市の県立姶良病院

会議室に医師や看護師、作業療法士らが集まってきた。治療評価会議だ。患者の治療の進め方や退院方針を多職種で話し合う。「外出し買い物をさせて金銭感覚を養いたい」「病状が落ち着いてきたので急性期の部屋から回復期のエリアに移しては」。それぞれの立場から意見を交わす。

治療方法は病状に応じて一人一人異なる。放火した患者は、消防署員から火の恐ろしさや防火の知識を学ぶ。殺人を犯した患者は、事件が新聞やインターネットでどう報道されているかを知る。事件現場に行って当時の感情を思い出す。

病棟医長の吉牟田泰史医師（40）は「病気や事件を

理解し内省を深め、悲劇を繰り返さないようにしてもらうのが目的」と話す。

治療費は1人当たり年間約2000万円。全て国費で賄う。専任の医師2人、看護師25人と、専門職の配置は一般精神科と比べものにならないほど手厚い。

病棟開設から7年目。43人が入院し27人が退院した。退院者の再犯はこれまでない。

国のガイドラインは、1年半以内の退院を目標に掲げるが、始良の平均は約3年。入院の長期化は全国と同様の傾向だ。

病状が回復しないケースがある半面、裁判所が退院を許可した後の通院先や住居がなかなか決まらないという。

退院には、治療を終えた患者の社会復帰に対する社会的な理解の深まりが欠かせない。

「丁寧な治療をして退院者の再犯ゼロを積み重ねていくしかない」。吉牟田医師は強調した。

精神科密着240時間⑩　超長期入院

失われる生活能力

48年間入院する清子さん（66）に話を聞くため、案内されたのは畳敷きの大部屋だった。ベッドに横になっていた清子さんは、看護師に名前を呼ばれると、ゆっくりと体を起こした。

メンタルホスピタル鹿児島（鹿児島市）に入院したのは1968年、17歳の時だ。以来ずっと病棟の中にいる。病名は統合失調症とてんかんだ。

日々の生活にそれほどの不満はない。「入った当初は不安もあったけど今はもう慣れた」。テレビの歌番組を見ている時が一番楽しいという。3人の同室患者との関係も悪くない。

市内に住む妹から連絡をもらうことはある。兄姉とはずっと会っていない。最後に外泊したのがいつだったか、よく覚えていない。「（外泊できないのは）病気だから仕方ない」。ぽつりとつぶやいた。

半世紀近く入院している清子さん（右）＝鹿児島市のメンタルホスピタル鹿児島

清子さんのような超長期の入院患者は、決して珍しくない。約４２０人が入院するメンタルホスピタル鹿児島で２０１６年９月の取材時、入院40年以上の患者が19人いた。最長は58年に及んでいる。

厚生労働省の13年調査によると、全国の精神科入院患者のうち、入院20年以上の人は10・６％を占める。鹿児島県では14・８％で全国を上回る。

国は１９５０年代後半から、民間精神科病院の設立を後押し、精神障害者を隔離、収容する政策を推し進めた。長期入院患者は増え続けた。

それから半世紀後の２００４年、国は方針転換を明確に打ち出した。「入院医療中心」から「地域生活中心」へ改革ビジョンを示したのだ。

しかし、社会から長期間隔絶された環境下に置かれた患者は生活能力を次第に失っていく。

「病院の中は同じ境遇の仲間ばかりだから安心感がある」「ハンディを抱えて（偏見・差別のある）社会に戻るより病院にいた方がいい」

取材中、何人かの患者から聞いた言葉だ。入院を20年以上続けている60代男性が、退院を打診された直後に体調を崩したこともあったという。

「治療の場」であるはずの病院が、いつしか「ついのすみか」になる。患者の言葉はそんな現実を裏打ちしていた。

清子さんは現在、病気の症状がほとんどない。出入り口が施錠された閉鎖病棟から、自由に外出できる開放病棟に最近移ることができた。

それでも10代から閉ざされた世界で生きてきた清子さんにとって、退院のハードルは低くない。

「外で生活できそうですか」。取材の最後にこう尋ねてみた。返事は返ってこない。ただ、困ったような目で、こちらを見つめていた。

精神科密着240時間⑪　退院の壁

家族と関係こじれ

「姉が恨めしい。自分を苦しめている。心も体も、もう限界なんです」

県立始良病院の会議室。振り絞るような男性の声が響く。そううつ病で入院して4カ月になる女性（61）の弟（60）だ。女性は隣で黙っている。

「中間カンファレンス」が始まった。女性の退院時期や、その後の生活を話し合う。弟のほか、女性が入所していた福祉施設関係者、主治医、看護師、精神保健福祉士が同席した。

女性は施設の規則を守れず他の入所者とトラブルになったこともあり、ここ数年は施設と始良病院を行ったり来たりだ。

主治医の新里研吾医局長（48）が女性に聞く。「今後どうしたいですか」

女性「施設に帰りたいです。二度と文句も言わない。我慢します」

新里医局長「でもこの前は施設に戻りたくないと言っていましたよね」
女性「気分次第なんです。女心と秋の空」

本人や家族の意思を確認しながら退院に向けた話し合いを進める＝姶良市の県立姶良病院

施設の関係者は正式な退所を求めた。再度入所したい場合は待機リストに登録するという。
女性の家族は弟しかいない。弟は6年前、姉と暮らすため関東での仕事を辞め、妻子を残し鹿児島に戻った。2人で3カ月暮らしたが、姉は病気の影響で周囲への暴言が激しくなる。「私のお金を弟が勝手に使っている」と言いふらされた。同居は続けられなかった。
何とか入れた施設でもトラブルの後始末に追われる。残した家族との距離が広がり離婚した。
弟は「施設には迷惑をかけて申し訳ないが自分は一緒に暮らせない」と意思が固い。新里医局長は施設を一度出て再入所できるまで病院に残ることを提案した。施設側も弟も了承した。

精神障害者は病状が悪いときに、家族との関係が悪化するケースが少なくない。退院できると医師が判断しても、受け入れ先が見つからず、入院は長期化しがちだ。「社会的入院」といわれ全国的な課題だ。

15年11月末時点の鹿児島県の調べによると、受け入れ条件が整えば退院可能な精神科病院の入院患者は707人。60歳以上が7割を超す。退院に必要な条件では「住居の確保」が最も多く「家族の理解」が続く。患者にとっては高い壁だ。

姶良病院は2003年には1人しかいなかった精神保健福祉士を9人に増やし、退院支援を強化している。住居の確保や家族との関係改善に積極的にかかわる考えだ。

新里医局長は「まずは面会を重ね、落ち着いてきたら外出、外泊と進み、退院しても大丈夫と双方に安心してもらえるようにする」と話した。

こじれた関係を結び直す手だてが今の精神科病院には求められている。

精神科密着240時間⑫　ピアサポーター

入院経験から助言

「調子はどうですか」。開放病棟で、入院中の女性患者に優しく語りかける女性スタッフがいた。

川上裕美さん(39)。メンタルホスピタル鹿児島(鹿児島市)のピアサポーターだ。ピアは「仲間」を意味する。精神疾患の経験を生かし患者を支援する職員だ。

患者は顔なじみの川上さんに打ち明け始めた。退院に向けて何度も外出しているが最近、外出が不安になるという。

「私も同じような時期があったんですよ」。川上さんは女性患者の肩に手を当ててほほ笑んだ。患者はほっとしたようにうなずいた。

この病院では、2014年からピアサポーター2人が働く。もう1人は小山恵里さん(44)で、ともに元入院患者だ。

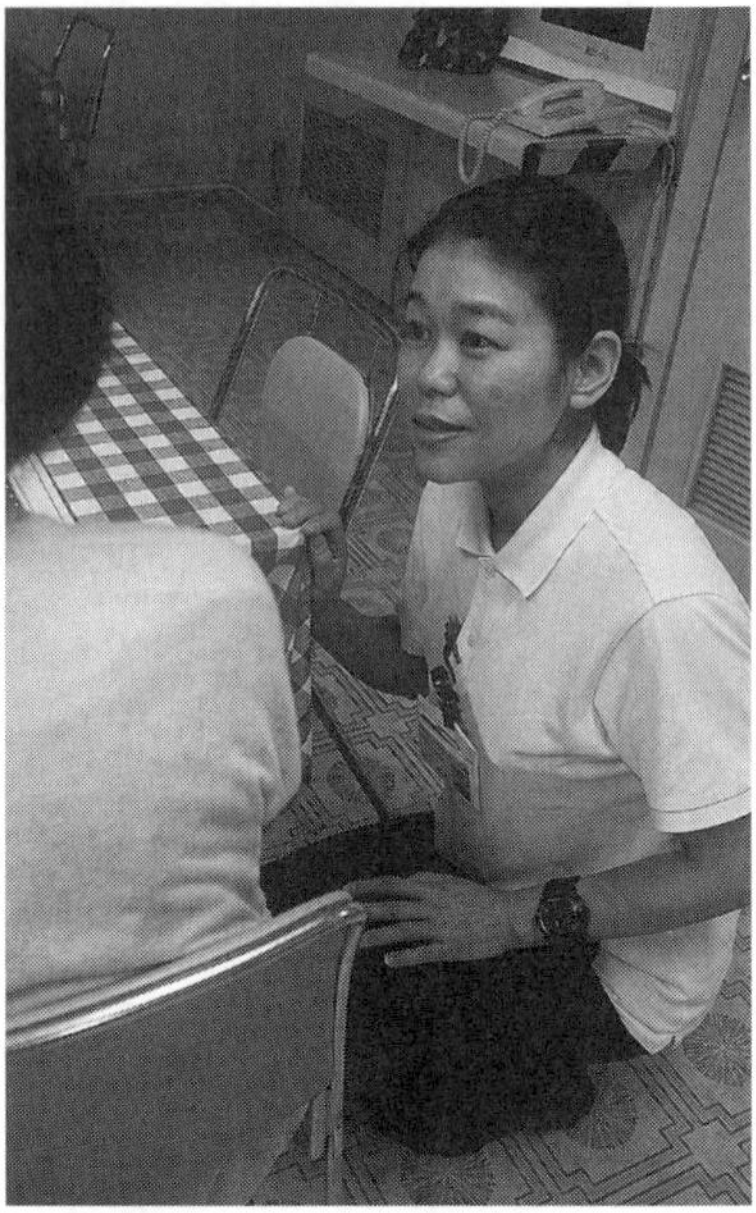
入院患者に話しかける川上裕美さん＝鹿児島市のメンタルホスピタル鹿児島

病棟や訪問先で患者の悩みを聞いたり相談に乗ったりしている。

川上さんは8年前、統合失調症と診断され3カ月入院した。当事者ならではの視点や発言を期待されピアサポーターになった。週に4日働きながら、月1回外来受診し服薬を続けている。

初めは患者と雑談したり書類整理を手伝うだけだった。だが今では、患者の退院に向けた検討会議にも参加する。

ピアサポーターは、病院や障害者の相談支援事業所、グループホームなど全国的に活躍の場を広げている。民間団体や自治体が独自に研修制度を設け養成している。

鹿児島県は14年度、民間団体の研修を活用した養成事業を行った。川上さん、小山さんら8人が「ピアサポート専門員」として認定された。

小山さんは心理教育という退院に向けたプログラムの一端を担う。患者約10人の前で、地域生活を続けるコツを話す。

「よく使う机の横に薬を置いて飲み忘れないようにしている」「体調が悪いときは医師に早く相談する」。自ら心がけていることを伝える。

患者にとって、入院経験のある社会復帰者のアドバイスは心強い。２人の活躍を知った外来患者が、専門員の研修を受けたこともある。

厚生労働省はピアサポーターの育成や活用を進める方針だ。16年度から研究事業で養成カリキュラムの作成に取り組む。

メンタルホスピタル鹿児島地域連携相談科の福永康孝科長（35）は「２人の活躍は、職員や患者の刺激になっている。体調に配慮しながら活躍の場を開拓したい」と話す。

小山さんは「もっと勉強して精神保健福祉士の国家資格を取りたい」と意気込む。川上さんも「患者さんの希望の存在になりたい」という。

自らの経験を患者の社会復帰に役立てようと前向きに働いている。

精神科密着240時間 ⑬ 隣接地に退院

地域移行は道半ば

メンタルホスピタル鹿児島（鹿児島市）に隣接する系列のグループホーム「ホープ」。日曜日の夕方、入居して8年の正人さん（57）が外出先から帰ってきた。

31歳で統合失調症を発症した。40代のほとんどを病棟で過ごした。今も幻聴が聞こえることもあるが、以前のように振り回されることはない。

就労継続支援B型事業所で働く。報酬は月1万円ほど。アパートで一人暮らしして、カフェで働くのが目標だ。

「僕は病気になってずっと（病院やホームといった）守られた環境で暮らしてきた。もう一度、自分の力で生きたい」

だが次の一歩は容易ではない。身寄りがなくアパートを借りる際の保証人が見つからない。一般就労を目指し何度か面接を受けたが、高い年齢と入院経験を理由に採用されなかったという。

ホープを管理する酒匂千織さん（42）によると、退所意欲のある人は正人さん以外にも数人いる。住居がない、家族の理解を得られないなどの理由で退所できないという。

ホープは男性専用。満室状態で20人が暮らしていた。平均57歳。10年以上の入院経験者が多い。入居を待つメンタルホスピタル鹿児島の入院患者は5人いる。正人さんは「自分が出れば誰かがホープに入れるのに」と申し訳なさそうだ。

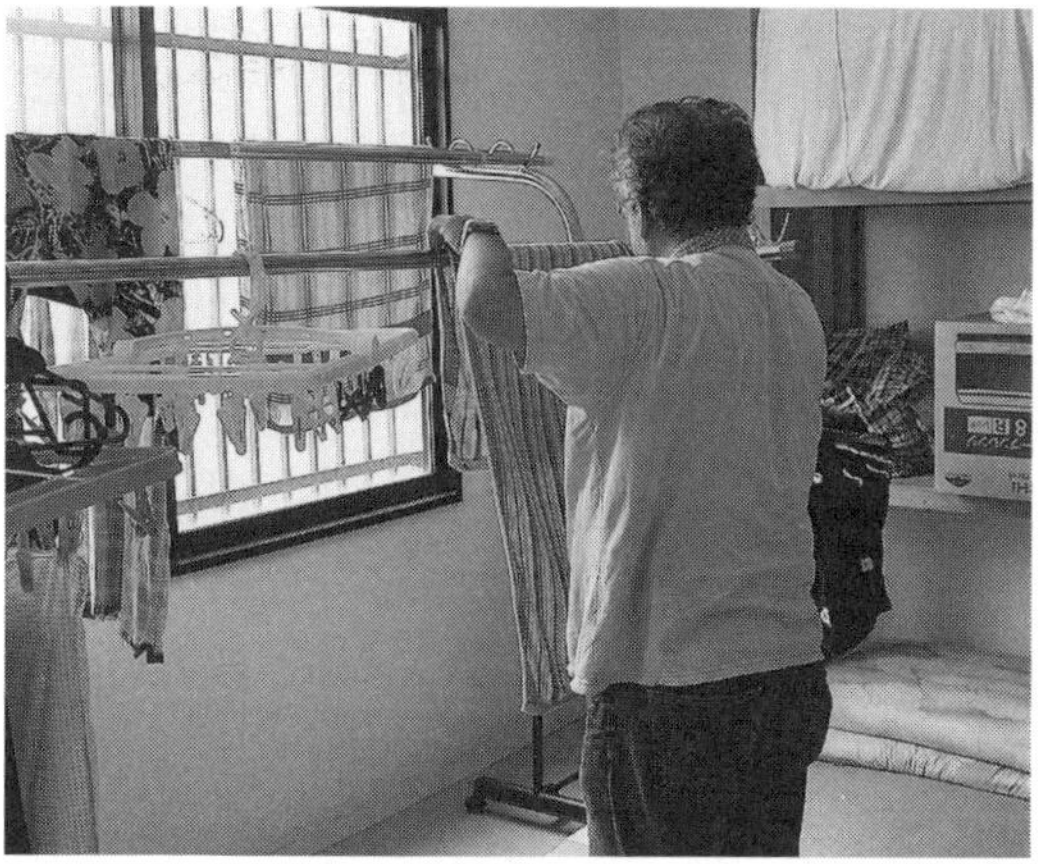
グループホームの共有スペースで洗濯物を干す正人さん＝鹿児島市

精神障害者が入居するホームは病院周辺に建設される例が多い。通院しやすく、建設に際して地域の理解を得られやすいからだ。県内に40カ所以上ある。年々増えているが、それでも足りない。
県の2015年の調査によると、条件が整えば精神科病院を退院できる患者は707人。うち106人がホームへの入居を条件に挙げた。介護系入居施設233人に次ぐ。
「精神疾患への偏見から（アパートなど）居住

の場の確保が難しい」と病院関係者。系列のホームが受け皿になっている現状がある。

酒匂さんも、入居者の退所先を探す中で偏見を肌で感じてきた。「治療を受けて病状が安定した人は普通に地域で暮らせることを理解してもらえない」ともどかしげだ。退院可能でも、ホームに空きがなければ退院して入居できない。患者の滞留が起き、長期入院につながっている。

そんな中、厚生労働省は15年4月、精神科病棟のホームへの転換を認めた。一向に進まない退院を促すための苦肉の策だ。

しかし障害者から「同じ病院施設の中であることに変わりはない。看板の掛け替えにすぎない」との批判も出ている。目指す本来の地域移行の妨げになるとの考えだ。

省令改正から1年半。県内で病棟をホームに転換した例はない。

精神科密着240時間 ⑭ 変わる施設

明るく開放的空間

メンタルホスピタル鹿児島（鹿児島市）には、新旧二つの建物がある。新館は数カ月での退院を目指す急性期と認知症の治療を担う。本館は主に長期入院患者が暮らす。

新館は2015年9月に開設したばかり。白を基調にした外観は、おしゃれなデザイナーズマンションのようだ。

「開放感のある治療環境を提供するというのが設計コンセプト」。松原康久事務長（53）はそう言いながら案内してくれた。

新館の病床は100床で52床が個室だ。建物内は明るい。患者が食事したり、作業療法に取り組んだりするデイルームや廊下は広々としている。

スタッフステーションでは、患者と看護師がカウンター越しに話していた。両者を遮るものはない。精神科病院のステーションはガラスで覆われているのが一般的だが、開放化を進

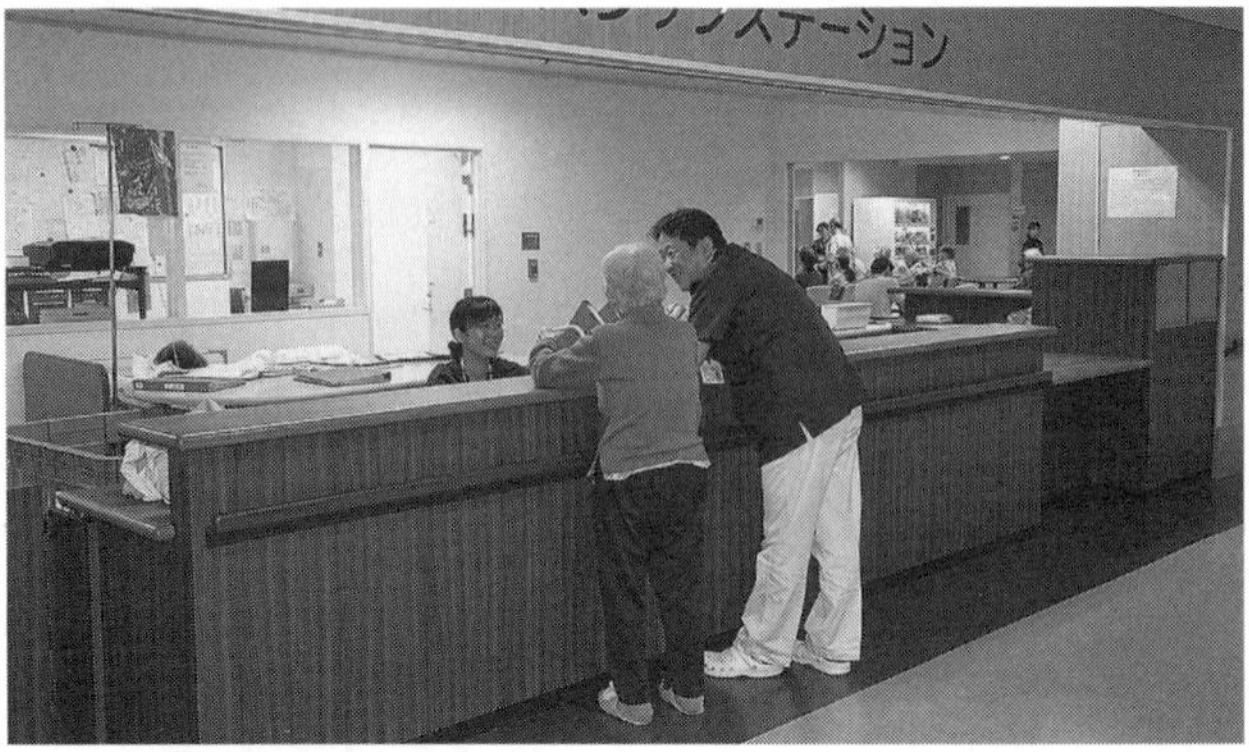

開放的な認知症治療病棟のスタッフステーション＝鹿児島市のメンタルホスピタル鹿児島

めるため取りつけなかった。

「厳重な管理で閉鎖的」「冷たく暗い」――。取材前に抱いていたイメージとは正反対の空間が広がっていた。

多目的ホールでは、精神障害への理解を深めるために地域住民を招いて講演会を開いている。

病状が悪化した患者の治療や保護を目的に使う保護室（隔離室）も様変わりした。

出入り口に鉄格子はない。ドアには一般の個室と同様に小窓がついている。広さは8・8平方メートルで本館の1・4倍になる。トイレは洋式。ドアは付いていないが、目隠し用の壁でプライバシーは守られている。

道を隔てて建つ本館に入ると様相は一変した。タイムスリップしたような気分になる。

保護室の出入り口は、床から天井まで鉄格子が覆う。トイレは片隅に穴が空いているだけ。目隠しになるのは高さ約50センチのついたてしかない。

保護室以外の個室は1室のみ。患者の多くが畳敷きの大部屋にいた。

鉄格子の保護室や畳の大部屋は、本館が建てられた１９６０年代当時の精神科病院では一般的だった。

県内では20年ほど前から建て替え、開放化が進み、旧来型の病棟は次々と姿を消している。

メンタルホスピタル鹿児島も、本館病棟の外側を覆っていた鉄格子を取り外すなど改修してきた。だが、設備の老朽化や耐震性の問題もあり、本館を使い続けるのは難しい。

運営する公益社団法人「いちょうの樹」は、数年以内に鹿児島市郊外へ慢性期病棟を移す予定だ。「患者の生活の質向上に重点を置いた施設にする」と松原事務長。明るく開放的な病院づくりを進めていく。

精神科密着240時間⑮　変容

在宅サービス強化

鹿児島市内のマンションの一室。看護師の松田三代子さん（56）と比嘉佐知子さん（39）がチャイムを鳴らす。男性（57）がドアを開けて笑顔で2人を招き入れた。

メンタルホスピタル鹿児島（鹿児島市）の訪問看護だ。男性は元入院患者。退院後に病院隣接のグループホームで6年間生活した。2015年秋、念願の一人暮らしを始め、障害者の就労継続支援事業所に通う。

「今日は事業所でどんな仕事をしたの？」と松田さんら。雑談しながら食事や睡眠の状況を確かめる。血圧を測った後、薬の袋を見せてもらう。服薬を欠かすと病気が再発する恐れがあるからだ。

男性は「1人では不安になる時もある。週1回、なじみの看護師が来ると安心する」。明るい表情からも、退院後の生活に訪問看護が不可欠だと分かる。

同病院は近年、訪問看護部門を強化している。16年の月平均の訪問回数は約200回。10年前の5倍だ。

精神障害者の入院期間をできるだけ短くし、地域での暮らしを支える在宅サービスを強化していく――。「入院医療中心」から「地域生活中心」という04年に打ち出された国の方針に沿った取り組みだ。

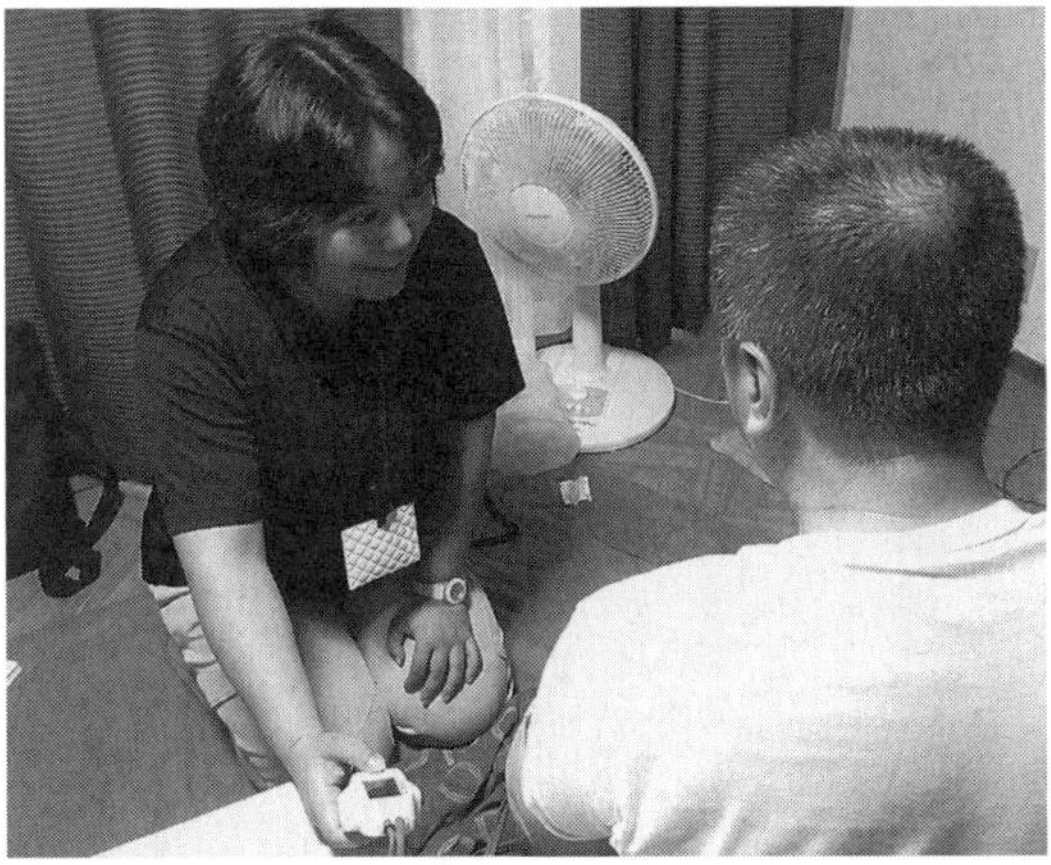
訪問看護の患者宅で血圧を測るメンタルホスピタル鹿児島の看護師、比嘉佐知子さん＝鹿児島市

在宅患者の見守りも強化している。夕方のスタッフルームに精神保健福祉士、看護師ら6人が集まった。患者の近況を話し合う多職種によるミーティングだ。16年4月から平日は毎日開く。

この日は通院する女性（62）について報告があった。受診以外の外来作業療法を経済的な理由などでやめる意向という。

女性は作業療法で卓球や体操を楽しんでいた。やめれば体調悪化が心配される。作業療法士は、外来の看護師らに「通院時に気に掛けてほしい」と念を押した。

松田さんは「患者をいろんな視点で見守ることで（病状悪化の）サインを見落とさずに済む」と意義を強調した。

病院が在宅患者向けサービスを強化する背景には、入院患者の減少がある。人口の自然減や薬物治療の進歩に、退院促進の取り組みも重なり、空き病床が増えた。

「患者の多様なニーズに合わせ病院が変わらなくてはならない」とメンタルホスピタル鹿児島の佐藤大輔院長（53）。

15年、５４１あった病床を55床削減した。さらに慢性期病床を80床以上減らす計画だ。一方で16年から訪問診療を始め、スタッフを在宅サービス部門にさらに振り向けていく考えだ。

院内から院外へ。精神科病院の変容が加速している。

第3部

100年の記憶

精神障害者の処遇が初めて法制化されたのは、１９００（明治33）年制定の精神病者監護法だ。家族らに障害者の監督義務を負わせた。以来１００年余り、当事者、家族は地域社会にこびりついた偏見、差別にさいなまれてきた。鹿児島の医療関係者や当事者、県外の識者らを訪ね、精神医療の「１００年の記憶」をたどる。（２０１６年11月29日から12月８日まで）

100年の記憶① 提訴の動き

隔離、国賠で問う――「ハンセン病と同じ」

「国の隔離、収容政策によって精神障害者への差別、偏見が広がった。ハンセン病問題と同じ、国による人権侵害だ」

2016年10月中旬、東京の練馬文化センターで開かれた日本病院・地域精神医学会。長野県の精神保健福祉士、東谷幸政さん（61）は交流スペースで参加者らに語りかけた。「国の責任を司法の場で問う。日本の精神医療を変えるにはそれしかない」

東谷さんは国家賠償請求訴訟に向けて活動している。福祉施設や病院勤務を通して精神障害者に30年以上かかわり、長期入院患者が社会復帰できない状況を数多く見てきた。

「地域の受け皿が全然足りない。長期入院患者は国策の被害者だ」。そんな思いを共有する精神保健福祉士や弁護士らと4年前、東京で国賠訴訟の研究会を立ち上げた。

賛同者は精神科医らにも広がり、現在140人を超える。これまでに障害者3人が原告と

精神医療に対する国家賠償請求訴訟の意義を語る東谷幸政さん（中央）＝2016年10月、東京・練馬文化センター

して名乗りを上げている。さらに原告を増やし、早期の提訴を目指す。

背景には日本の精神医療の特殊な歴史がある。欧米では１９６０年代から、地域で暮らす障害者を支える体制の整備が進んだ。だが日本はそうした潮流に逆行した。民間の精神科病院の創設を促し隔離収容を推し進めた。

その結果、世界的にみても病床が多く、大量の長期入院患者を生んだ。国は２００４年に政策転換したが、入院医療中心から地域生活中心への移行は進まない。

13年の国や県の調べによると、鹿児島は人口比の病床、入院患者、長期入院患者（20年以上）が最も多い。東谷さんは「鹿児島は世界的な病床密集地。鹿児島の当事者にこそ原告に加わってほしい」と訴える。16年5月に来鹿し、関係者に訴訟について説明した。

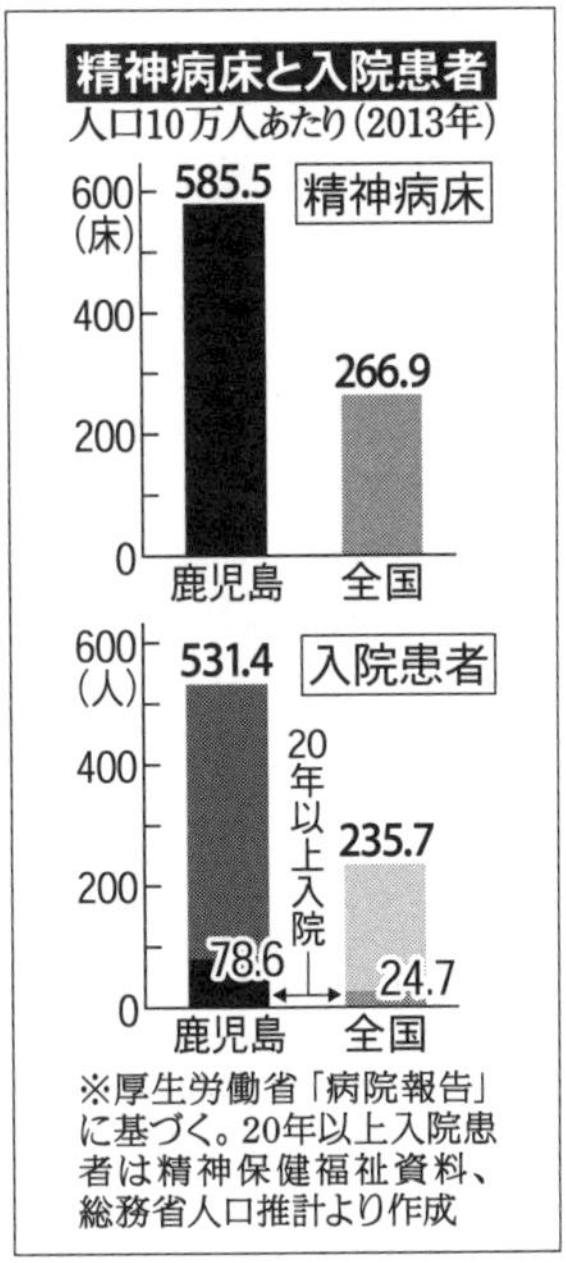

※厚生労働省「病院報告」に基づく。20年以上入院患者は精神保健福祉資料、総務省人口推計より作成

国賠訴訟は、元患者らの歴史的勝訴となったハンセン病訴訟を参考にしている。01年、国の隔離政策を違憲とする熊本地裁判決が確定した。

判決を受けて、国が設置した「ハンセン病問題に関する検証会議」は05年、最終報告書でハンセン病元患者と精神障害者の類似点を指摘している。

具体的には、（1）医療より隔離、収容に重点が置かれ、療養環境は低劣だった（2）薬物療法の確立後も「不治の病」との誤信が残り、収容中心主義を批判する国際的意見を無視した――などだ。

検証会議メンバーで報告書の作成に携わった東京都の精神科医、岡田靖雄さん（85）は「患者救済より社会から異質な者を排除する考えがどちらにもあった」と話す。

熊本地裁判決は、患者隔離について「人生のありとあらゆる発展可能性を損なう」「患者は地域社会に脅威をもたらす危険な存在との誤った社会認識を生み出した」と結論付けた。「精神障害者にも全く同じことが言える」。岡田さんはそう強調する。

100年の記憶② 私宅監置

「不幸な」劣悪環境

「家畜小屋よりもひどい暗闇と悪臭に満ちた狭い室に閉じ込められ」「(足かせ、手かせなど)動物園の猛獣に対するよりも残酷な手段で拘束されている」

1955(昭和30)年、奄美群島における精神障害者の「私宅監置」の実態をまとめた論文が発表された。

鹿児島大学医学部教授の佐藤幹正医師(故人)が日本復帰間もない54年に現地調査した。劣悪な環境が克明に記されている。

対象は33人。多くは自宅敷地内の粗末な座敷牢《ろう》(監置室)暮らし。最大で4畳ほどしかなかった。こけむした床に裸で寝かされる人もいた。

障害者はほとんど監置室から出ることはできず、室内ですら自由に動けない状態だった。佐藤医師は非人道性を強調し、「不幸な患者に救いの手が差し伸べられんことを」と結んだ。

私宅監置は、1900（明治33）年制定の精神病者監護法に定められた。精神障害者を監督する義務を家族らに負わせ、監置状況は警察がチェックして回った。50年に法は廃止されたが、奄美は日本復帰が遅れ「負の遺産」が残っていた。

戦前の精神医療史に詳しい愛知県立大学の橋本明教授（55）は「私宅監置を法律で認めた国は世界的に珍しい。いわば公的に『精神障害者は危ない人』というレッテルを張ったことになる。今に続く偏見、差別のベースになった」と解説する。

鉄製の足かせをはめられた私宅監置の患者。1954年、知名町で撮影（佐藤幹正氏論文より）

ただ、障害者が満足に医療を受けられない状況を改善するよう訴える動きは、戦前からあった。

日本精神医療の草分けとされる東京帝国大学教授の呉秀三は18（大正7）年、今も語り継がれる次の言葉を著書に残す。

「わが国十何万の精神病者はこの病を受けたる不幸のほかに、この国に生まれたる不幸を重ぬるものというべし」

呉の訴えなどが影響し、19年に精神病院法が制定される。道府県が精神科病院を設置できる内容だが、予算不足で建設は進まなかった。

鹿児島の状況はどうだったか。県の「精神衛生の現状」（67年）は20年ごろについて「患者の取り扱いは旧態依然たる加持祈祷《かじきとう》、私宅監置が主体。鹿児島市にある宗教団体が収容施設を持っている程度だった」としている。

精神病院法ができても私宅監置は逆に増えていった。厚生省（現厚生労働省）が刊行した「医制80年史」によると、24年に全国で4千件台だった私宅監置件数は、35年に7千件を突破した。

終戦までに整備された全国の公立病院は、現在の県立姶良病院など八つにとどまり、病床は不足していた。精神障害者の「この国に生まれたる不幸」はさらに続く。

100年の記憶③　県内初病院

治療以外の理由も

鹿児島県内初の精神科病院が誕生したのは1924（大正13）年だった。鹿児島市宇宿の県立鹿児島病院精神科分院だ。29床で始まった。県立鹿児島保養院、姶良病院（姶良市）の前身で、開設して93年目になる。現存する公立精神科病院で、138年目の都立松沢病院に次ぐ歴史がある。

鹿児島保養院50周年の記念誌（82年発行）には、誇らしげな記述がある。「希少価値と名声ゆえ遠くは近畿、関東からも患者を集めた」

関係者の座談会ではこんなやり取りもある。「新潟、山形、山梨あたりからも患者さんが来ていました」「おカネ持ちの子弟でしょうが、ずいぶんと遠くから。鹿児島は暖かいということで」

全国でも早い病院開設については、「私宅監置を減らし患者に積極的治療を施す機会が与えられた」としている。だが、別の意味合いも含まれていたようだ。

記念誌には「大正13年か14年に鹿児島で陸軍の大演習があり、天皇が行幸になるということで、病院を作って（患者を）収容しろということがあった」との証言がある。

「日本精神科医療史」（岡田靖雄著）によると、1921～23年に知事だった中川望は34年の精神病者救療事業座談会で「英国皇太子を迎える際に精神病問題を恐れられたので県立精神病院ができた」と発言している。

二つの記述からは、病院開設に治安維持的な側面があったことがうかがえる。

県立姶良病院が現在地（姶良市）に移転した1943年当時から使われた正面玄関。取り壊された80年に撮影された

30（昭和5）年には、鹿児島市永吉に県内で2番目、民間初の精神科病院ができる。鹿児島脳病院（現メンタルホスピタル鹿児島）だ。50床だった。

鹿児島県の「精神衛生の現状」（67年）に戦前・戦中の状況が詳しい。

陸軍大演習に伴う昭和天皇の行幸があった35年、県内の二つの精神科病院は精神障害者ら約90人を特別に収容した、という趣旨の記述がある。

県内の精神科病院は太平洋戦争前までに県立1、民間3の計4病院ができたが、徐々に戦争の影響を受けていく。鹿児島保養院は、海軍鴨池飛行場拡張のため43年、現在の姶良市に移転する。

戦況に伴い、どの病院も食糧事情が悪化した。「空腹のあまり患者はタオルまで食べた」「発疹チフスが発生し栄養失調と相まって死者が続出した」。過酷な状況を表す記述が続く。

戦時中、全国の精神科病床数は激減する。41年の約2万4千床から45年は1万床前後になったとみられる。

そして終戦。復興と高度経済成長の勢いに比例するかのように、精神科病院と病床が猛烈な勢いで増えていく。

100年の記憶④　ブーム

民間の病院が激増

精神障害者の病院への収容が進んだきっかけは、1950（昭和25）年に施行された精神衛生法だ。半世紀続いた私宅監置が禁止になり、新たに措置入院が制度化された。

措置入院は、自分や他人を傷つける恐れがある患者を知事の権限で強制入院させる仕組みだ。

国は54年、精神障害者の全国実態調査を初めて実施した。入院が必要な障害者は35万人に上った。これに対し病床は3万7千床しかなかった。

調査結果を受け、国は大幅増床に本腰を入れ、病院開設を誘導する施策を次々と打ち出した。

民間精神科病院の経費助成（54年）、精神科医・看護師の人員配置基準の緩和（58年）、病院建設費を低利融資する医療金融公庫の創設（60年）だ。

「精神病院ブーム」といわれる建設ラッシュが生まれた。鹿児島はそのブームに完全に乗る。

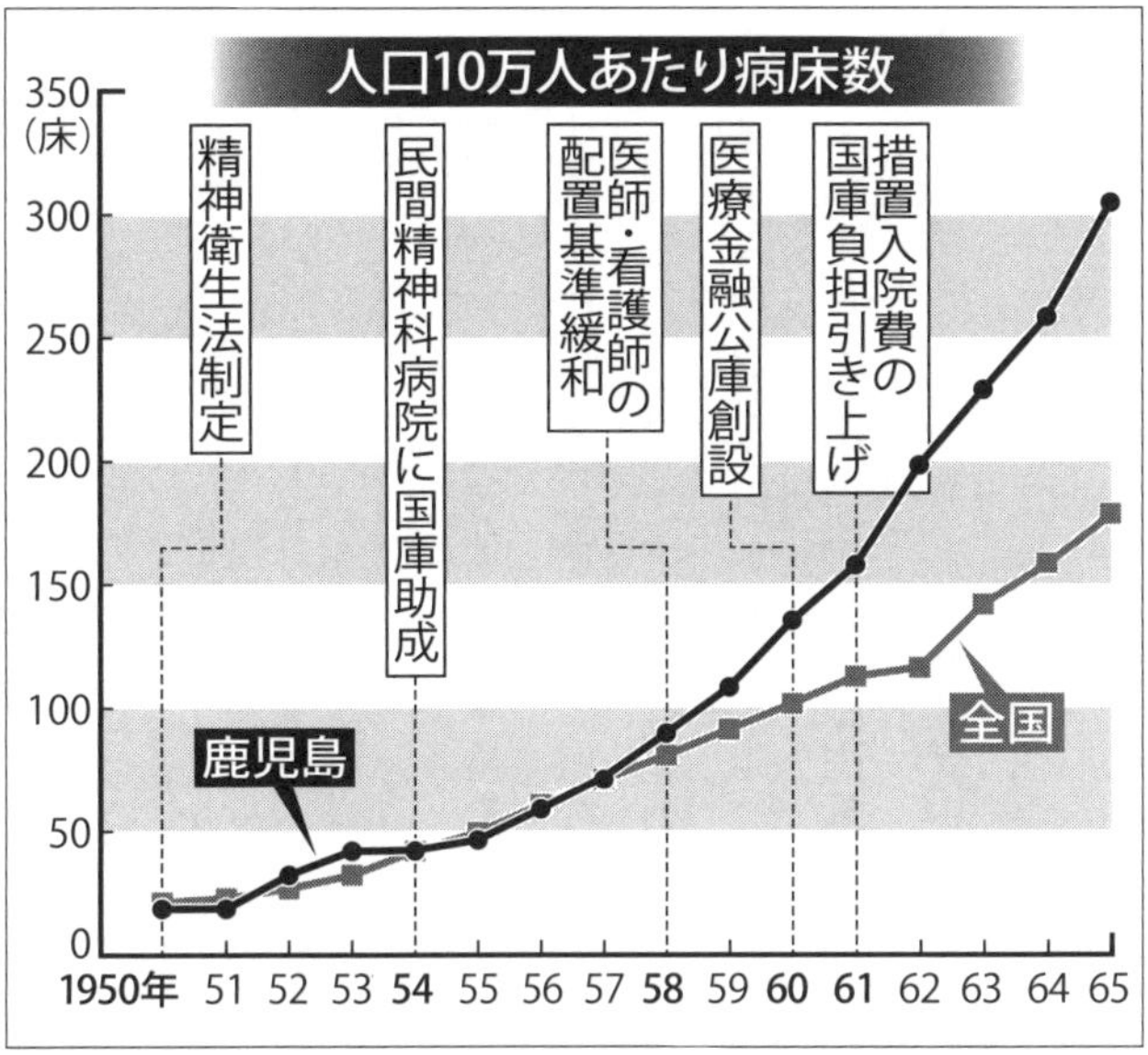

県内の精神科病院は50年に5カ所だったが、10年で6倍近い29に増える。そのうちの27が民間だ。

現在は公立2、民間49の計51カ所ある。

鹿児島の人口10万人当たりの病床は56年、59床で全国平均（61床）を下回っていた。だが翌年、全国を上回ると、年々その差を広げていく。

「診療報酬は全国一律だが、鹿児島は人件費が安い。精神科は医師・看護師が少なくて済む。経営に参入しやすかったのではないか」。鹿児島市などで精神科病院を運営する公益財団法人「慈愛会」の今村英仁理事長（57）は話す。

加えて県内には精神障害者が多かった。62年の県の推計では4万人以上で、「人口比で全国一」としている。

なぜ多かったのか。県は理由について当時、（1）県民所得が低く生活苦からくる人間関係の葛藤が影響、（2）生活環境の異なる都市部への出稼ぎ者が多く、ストレスから発病――などと分析している。

公費で賄う措置入院費の国庫負担が61年に引き上げられ、財政的に豊かとは言えない鹿児島に大きく影響を及ぼす。国と県の折半から、国80％、県20％になったからだ。

全入院患者に占める措置入院者の比率は、全国で60年の12％から61年には28％に増えた。鹿児島県は5％台から一気に50％へと跳ね上がり、その後も全国より高い状態が続く。

日本の精神医療史に詳しい岡田靖雄医師（85）＝東京都＝は「措置入院患者は医療費を取りはぐれる心配がない。そのため病院の『固定資産』として、経営安定や増床を支える側面もあった」と指摘している。

100年の記憶⑤ 収容

官民挙げ「全国一」

精神科病院の病床拡大を図り、精神障害者の収容を進める——。1960年代、国の施策に沿い特に熱心だったのが鹿児島だ。

「全国一を示す病床普及率」「入院患者の50%は強制収容による措置入院」——。県が発行する「精神衛生の現状」(68年)には、そんな見出しが躍る。

60年代初めの本紙記事からも、県が患者収容へ力を注ぐ様子が伝わる。

61年は「(県)予防課は(奄美)大島に精神医を派遣して40人を鑑定、13人を鹿児島の病院に入院させている」と記す。病床が不足する離島の患者を本土の病院へ収容していった。

62年は「県は精神対策の遅れを取り戻そうと懸命。今年度予算は全国で4番目に多い。人口からみれば日本一」と、多額の予算を投入していたことも伝えている。

病院側は次々に来る患者の対応に追われた。

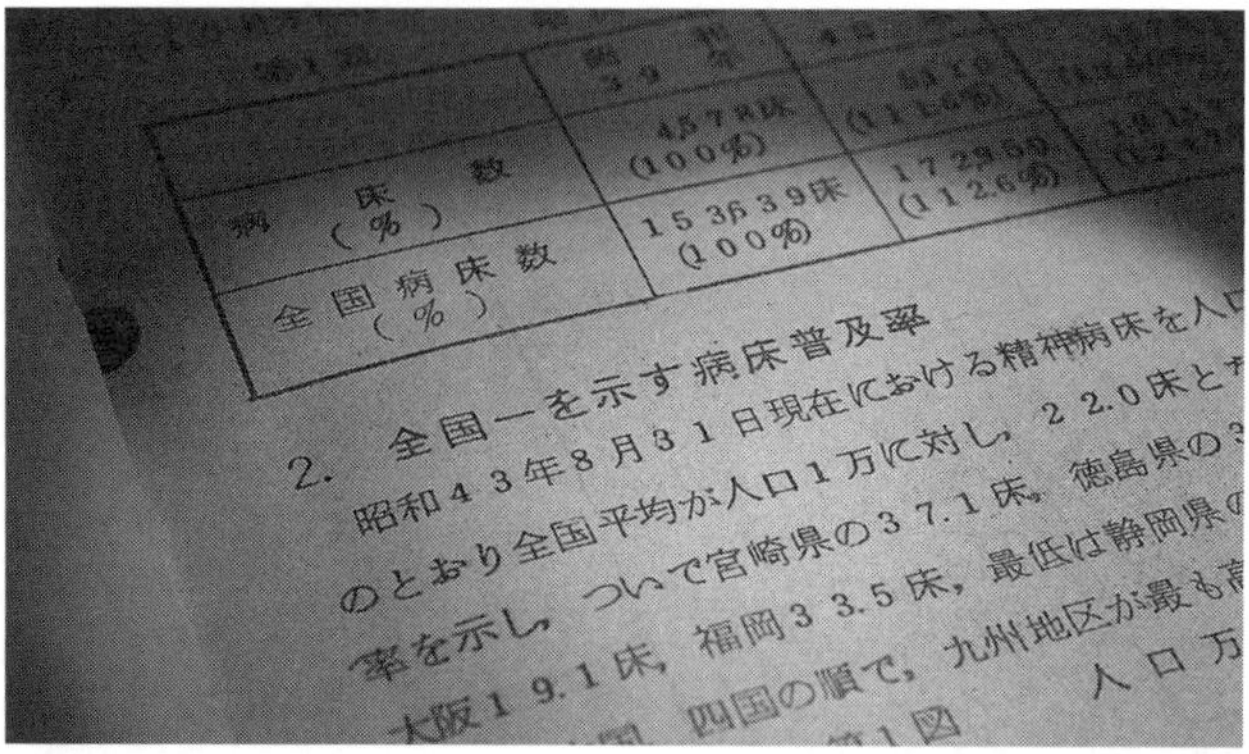

鹿児島県が1968年に発行した「精神衛生の現状」で、県が精神病床の普及率が全国一であることを記している

70年代に鹿児島市内の精神科病院で看護師として働いた、奈良学園大学の東中須恵子教授（64）＝精神看護学、西之表市出身＝は、「収容係」と呼ばれる当番が回ってきたことを覚えている。

措置入院患者の収容だ。保健所や警察から受け入れを求める連絡が入ると、医師や看護助手らと患者を迎えに行く。私服に着替え、黒塗りの車に乗り込む。専属運転手もいた。

ある日、女性患者の家に行った。「医師が女性と話している間に、私と助手が注射の準備をした。医師は素早く注射して眠らせ、そのまま病院に連れてきた」という。

官民挙げての収容の結果、60年に約2500人だった県内の入院患者は、70年に約7千人に達した。

鹿児島に象徴される精神病床と入院患者の激増。そんな日本の「異常さ」をいち早く指摘した人がいる。世界保健機関（ＷＨＯ）の委嘱を受けた英国の精神科医、デービッド・Ｈ・

クラーク博士だ。67年に来日し、３カ月間で全国15カ所の精神科病院を視察した。「非常に多数の患者が病院にたまって、患者は長期収容による無欲状態に陥り、国の財政負担を増大させている」。日本の現状を憂慮し、長期入院を防ぐ積極的な治療とリハビリ推進、地域の受け皿づくりを提案した。

「クラーク勧告」と呼ばれる。だが勧告は生かされず、病床数はさらに増え、世界でもまれな入院偏重路線を突き進む。

日本精神科病院協会の山崎學会長（76）は「クラーク勧告に沿って地域の受け皿を整備しなければいけなかった。受け皿不足による社会的入院の多さは国の無策の産物」と批判する。

100年の記憶⑥　荒療治

後遺症重く姿消す

時代とともに姿を消した治療法が、県立姶良病院50周年の記念誌（1982年発行）に載っている。医師らが座談会で、55年前後の治療状況を振り返った。「150例ばかりやっている年もある。今あれをやると問題だが、当時はほかに手がなかった」。「あれ」とは「ロボトミー」を指す。

脳の前頭葉の一部を切る手術だ。統合失調症による幻覚や妄想を抑えるとされ戦後、全国的に行われた。だが人格の変化など重い後遺症も出た。75年には日本精神神経学会がロボトミーを否定する総会決議をして、この手術の全廃を誓った。

梅毒による精神障害者をマラリアに感染、発熱させる「マラリア療法」や、統合失調症患者を低血糖にして昏睡《こんすい》させる「インスリンショック療法」もあった。いずれも命の危険が伴う治療法だ。
55年ごろから日本でも精神疾患の薬が広まり、それまでの〝荒療治〟は次々と消える。ただ、頭部に電流を流し体にけいれんを起こす「電気けいれん療法」は残った。戦前からあり「電気ショック」とも呼ばれた。

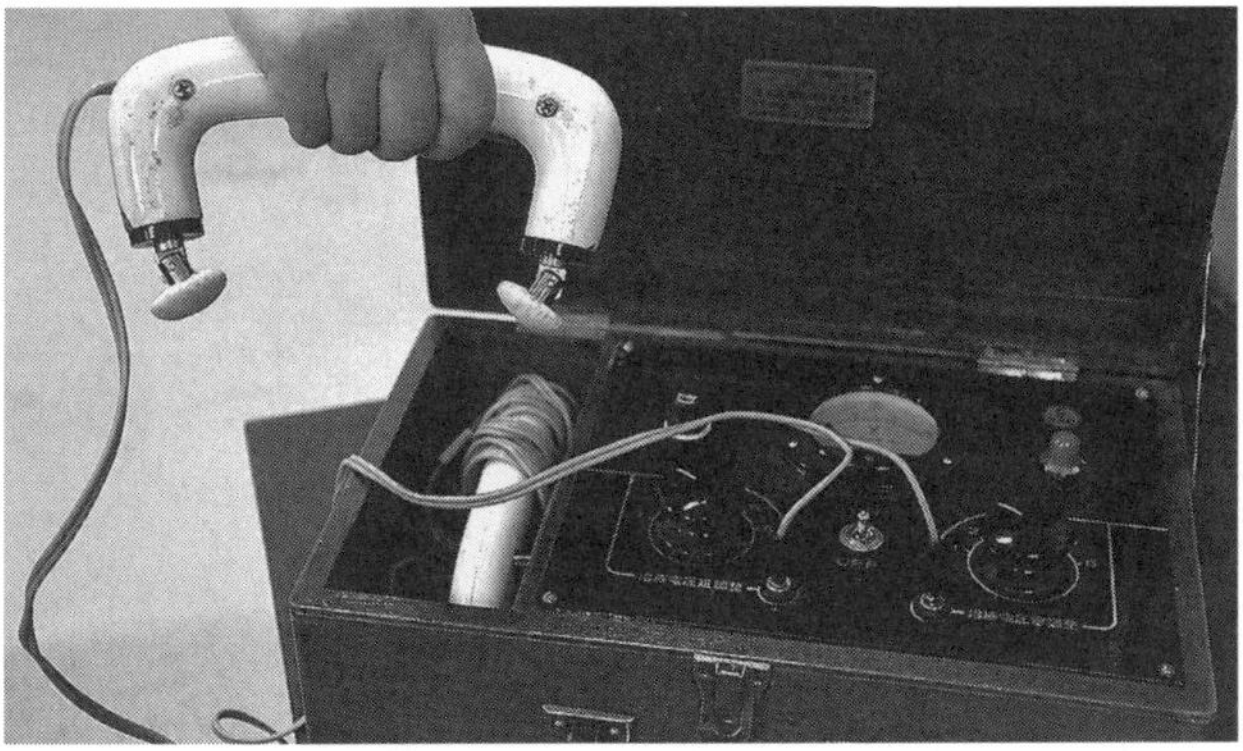
電気けいれん療法で使われていた機器

双極性障害（そううつ病）がある志布志市の窪田宗三さん（72）は61年、母親と県内の精神科病院を訪れた。「入院すれば治りますよ」。医師の診察は数分だった。

看護師らの詰め所に呼ばれ、医師が「口を開けて」と言う。包帯をくわえさせられ、電話の受話器のようなものを額に当てられた。

そこから記憶がない。目覚めると、激しい頭痛に襲われた。電気ショックだった。麻酔をかけないため、医師や看護師は「ナマ」と呼んでいた。

現在は麻酔を使い、筋弛緩《しかん》剤でけいれんを抑える

「修正型電気けいれん療法」に変わった。重度のうつ病などの症状を和らげる効果があるとされる。医療界には実施に否定的な意見もある。

「60、70年代は患者の鎮静に主眼が置かれ、社会復帰を促す考えが不十分だった」とは元鹿児島大学教授で出水病院の瀧川守國医師（80）。薬物療法が中心になっても入院は長期化していく。

半世紀ほど前には、非人道的な手術も行われた。県の「精神衛生の現状」（70年）には、県内で68年に少なくとも2件、精神障害を理由に強制不妊手術（優生手術）を実施したとする記載がある。当時は合法だった。

「不良な子孫の出生を防止する」目的で、48年に制定された優生保護法に基づく。手術の対象は精神障害のほか、知的障害やハンセン病などだ。

障害や病気を理由とする手術の規定は96年、母体保護法に改正されるまで残り、障害者らへの偏見、差別を助長した。

100年の記憶 ⑦ 患者作業

病院の労働力担う

精神障害者とハンセン病患者に対する処遇の歴史には共通点がある。国が設置した第三者機関「ハンセン病問題に関する検証会議」が2005年に発表した最終報告書には、両者を比較する項目があり「患者作業」についてまとめている。

ハンセン病療養所については、「患者の労働力は不可欠と期待されていた。患者看護も軽症患者にゆだねられていた。建築、土木、運搬などの重労働。作業賃は少額といえ生活に欠くべかざるものだった」と指摘する。

似たような状況が、精神科病院にもあった。

「思い出すと体が震える」。鹿児島市の内孝一さん(66)は1969(昭和44)年から3年間、統合失調症のため入院した経験が忘れられない。

寒い冬、リヤカーでカヤを集めに行く作業が一番つらかった。病院が飼っていたブタに敷

1985年ごろ、鹿児島県内の精神科病院が作業療法の一環で行った農作業の様子

くためだ。「患者にこんなことをさせるのかと思ったが従うしかなかった」。参加すると、5～20円の「報酬」があった。

60年代から70年代にかけて入院経験がある南九州市の健一さん（72）は、「重症患者の入浴介助は病状が安定したわれわれの仕事だった」と証言する。病院敷地内の石塀造り、トイレ掃除、シーツ交換もした。「しないと退院できない雰囲気があった」

県内の別の入院経験者も、配膳や食器洗い、部屋掃除、患者の散髪をしていたと証言する。

最終報告書は「（全国の精神科病院で）〝作業療法〟の名で治療として行われた。戦後普及したが、多くは十分な治療理念や担当職員の配置を伴わないもの」とした。

その上で、ハンセン病療養所と同様に「使役、労働搾取の非難をまぬがれぬ面を持っていた」と強調した。

精神科作業療法は74年、診療報酬で点数化された。現在では、作業療法士を中心に、患者の意思を尊重した、生活機能の回復に向けた取り組みが進んでいる。

精神科病院で看護師として長年勤めた姶良市の中野重利さん（76）は「60、70年代は、管理することが主体。看護者は患者より立場が上だった」と打ち明ける。

治療方針の説明も十分ではなかった。「自分たちは作業療法のつもりだったが、強制労働と思う患者はいただろう」と省みる。

院内での「上下関係」が、病院スタッフから患者への暴力につながることもあった。

「もう二度と入院したくない」という内さん。

患者同士のけんかに腹を立てた看護師が「けんかとはこうするんだ」と言って、患者を殴った。40年以上前のことだが、記憶は今も鮮明だ。

100年の記憶⑧　続いた虐待

人権重視の契機に

栃木県の民間精神科「宇都宮病院」で1984年に発覚した事件は、内外に衝撃を与えた。

看護職員らによる患者への集団暴行だ。2人が死亡していたことが分かった。「食事に不満を漏らしたAさんの顔や背中をパイプなどで乱打」「家族との面会時に『ひどい病院だ』と訴えたBさんの背中や足を、こぶしで殴ったり蹴ったりした」職員らの逮捕を報じる本紙記事から、凄惨《せいさん》な場面が浮かび上がる。

同病院では、他にも違法行為が次々と発覚する。無資格の看護助手に注射や点滴をさせていた。入院患者に脳波検査やレントゲン撮影業務をさせた。患者に米を作らせ職員に販売していた。

宇都宮病院事件以前にも、精神科病院での暴行や虐待事件は、たびたび表面化していた。

「精神科病院の閉鎖性が一因」とみるのは、奈良学園大学の東中須恵子教授（64）＝精神看護学、西之表市出身。

「患者が外に不満を訴えにくい。家族らの面会も一般病院に比べ少ない。結果として社会の目が届きにくかった」と分析する。

宇都宮病院事件は、日本の遅れた精神医療を象徴しているとして、国際的な非難にさらされる。そんな状況を受け、国内で精神障害者の人権を重視する機運が生まれる。

精神衛生法が87年、精神保健法に改正された。目的には、社会復帰の促進が盛り込まれた。

奄美病院のグラウンドに残る木。職員らは人権保護や患者本位の医療を胸に刻む＝奄美市

措置入院など強制入院しかなかった入院形態に、本人の同意に基づく任意入院が加わり、病院側に本人の同意を得る努力義務を課した。患者の隔離や身体拘束に関する手続きを厳格化した。

鹿児島県内でも、奄美市の奄美病院で98年に問題が発覚した。

患者が同室の患者とトラブルになった。暴力を振るったため、看護師が中庭の木に抱きつかせ約10分間、両手を縛った。隔離のための保護室は満室だった。

「夜間で職員が手薄な中、症状の激しい患者の対応を迫られた。とっさの判断だったとはいえ絶対に許されない行為」と病院管理者の杉本東一医師（68）は振り返る。

中庭は2003年、グラウンドとして整備された。しかし今もその木は残る。「不法、不当な行動制限」をしたことを忘れないため、あえて切らなかった。

病院スタッフは、患者人権を重視した医療看護の質向上へ、院内外で研修を重ねている。病院ホームページ上には、職員一同の誓いを載せている。「私たちは精神科病院職員として、後世にわたって教訓とする」

100年の記憶⑨ 地域への一歩

福祉遅れ家族補う

1987（昭和62）年に施行された精神保健法では、精神障害者の社会復帰促進がうたわれた。だが当時は障害者を地域で支える公的施設はほとんどなかった。福祉政策の遅れを補ったのは、障害者の家族だった。

80年代、家族会を中心に小規模作業所をつくる動きが全国で進んだ。障害者が自宅から通い、民間業者などから請け負った作業を行う場だ。

鹿児島県内では、85年の若あゆ作業所（薩摩川内市）が第1号。97年までに鹿児島市、鹿屋市など6カ所に広がった。

運営は手弁当で厳しかった。錦江湾共同作業所（鹿児島市）は87年の開所に向け街頭募金を行った。「身内に精神障害者がいると公言して街頭に立つことは、とても勇気がいった」。所長を長年勤めた竹之内寛さん（90）は語る。

菓子箱作りに取り組む錦江湾共同作業所の利用者ら＝1993年ごろ、鹿児島市

当時、全国では作業所開設に反対する住民運動も起きた。全国精神障害者家族会連合会「30年のあゆみ」（97年発行）は「市民が地域からの精神障害者排除を公然と主張することもあった」と記す。

竹之内さんは所長時代、大学から学生の実習受け入れを打診された。障害を理解してもらう好機と思ったが、他の家族から「子供のことが外に漏れる」と反対され、断念した。障害者や家族が地域で堂々と生きるのは容易ではなかった。

一方、一部の精神科病院では、70年代ごろから出入り口を施錠した閉鎖病棟中心の運営を見直す動きが出てきた。

南九州市の「こだま病院」もその一つだ。79年の開院以来、病棟の出入りを自由にする開放化を進め、入院患者を積極的に外出させた。

「開放病棟をそんなに増やして大丈夫か」。院長だった児玉祐一医師（70）は、他の医療関係者から批判されたことがあったという。地域にも懸念する声があった。

それでも街中に障害者が働く店を開店するなど、地域移行を促す取り組みを続けた。「今では理解も深まり地域に溶け込んでいる」と児玉医師は話す。

地域に踏み出す精神障害者らを支える法律も、少しずつ整っていく。

精神障害者が法的に身体・知的障害者と同じ「障害者」と位置づけられたのが93年。障害者基本法が施行されたときだ。それまでは福祉の対象ではなかった。

各種サービスを受ける際に必要な障害者手帳は、95年にようやく制度化される。身体（49年）、知的（73年）から大幅に遅れた。身体、知的、精神の3障害の福祉サービスが一本化されるのは２００６年になってからだ。隔離収容中心だった20世紀は終わり、新世紀に入っていた。

100年の記憶⑩　新世紀

地域社会で共生へ

「地域で暮らすあなたをぜひ見たい。もう一度、退院後に住む場所の見学に行きましょう」

2016年11月下旬、鹿児島市内の精神科病院。入院して37年がたつフミ子さん(73)を同市の司法書士、芝田淳さん(47)が笑顔で励ました。

高齢者や障害者の財産管理などを代行する成年後見人だ。フミ子さんを支えて8年目。病院スタッフと連携し退院に向けた働き掛けを続けてきた。介護施設への入居が決まりかけたが、11月になり施設側から「十分な介護体制が取れない」と断られた。

ショックだったのか、フミ子さんの退院への決意も揺らぎ始めた。「外での暮らしは不安」。弱気な言葉が口をつく。結局、その日は2人でまた別の施設を見に行くことだけを決めた。

「彼女の気持ちは分かる」と、芝田さんは語る。「本来なら退院できるのに病院で暮らす『日常』から抜け出せなくなる。住まい探しもすんなりいかない。こうした例はまだたくさんある」

成年後見人としてかかわった精神障害者には、フミ子さんをはじめ入院30年以上が4人いる。最長は60年を超える。

南日本新聞が16年10月に実施した調査で、県内精神科で50年以上入院している人が少なくとも33人いることが分かった。

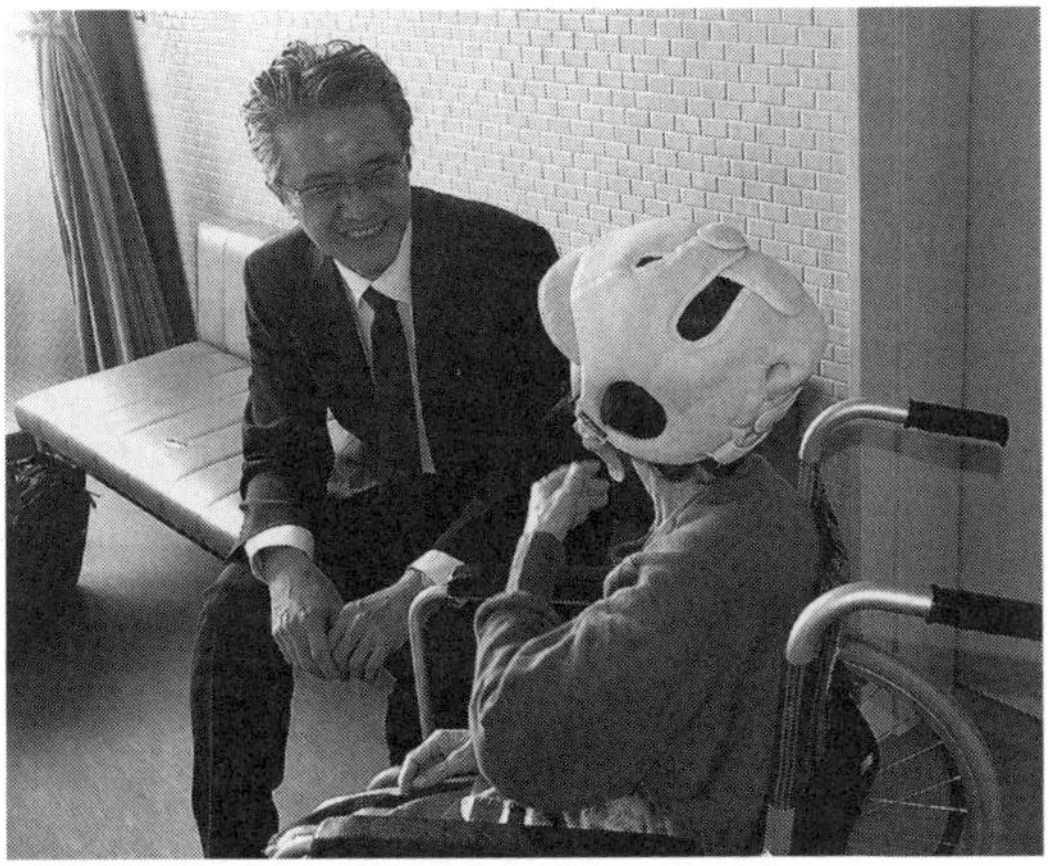

成年後見人として、フミ子さんと面談する芝田淳さん（左）＝鹿児島市内の精神科病院

国の隔離収容政策が多くの超長期入院者を生んだ。「高齢化が進み病院で亡くなる方も多い。彼ら彼女らが歩んだ苦難の歴史を今、後世に残すことが必要」。芝田さんは関係者に呼び掛け、県内長期入院者の証言集めに取り組むつもりだ。

入院医療中心から地域生活中心へ――。厚生労働省は２００４年、改革ビジョンを打ち出し、15年までに精神科の約35万病床のうち7万床を減らす目標を立てた。だが減ったのは2万床足らずだった。

欧米では公立の精神科病院が多く病床削減が進

んだ。しかし日本は8割超が民間経営という事情がある。住居など地域の受け皿も不足している。全国では今も関連施設の建設反対運動が起きる。

精神障害者家族でつくる全国精神保健福祉会連合会の小幡恭弘事務局長（49）は「病院はあくまで治療の場。障害の有無にかかわらず人が暮らす場所は地域社会のほかにない」と強調する。

日本が14年に批准した障害者権利条約は、すべての障害者に「地域社会に完全に包容され参加する権利」を保障している。

日本には、精神障害者を家や病院に隔離してきた長い歴史があった。地域での共生社会づくりはまだ始まったばかりだ。

第4部 地域の中で

精神障害者の地域移行が少しずつ進んでいる。地域の中で、前向きに生きる当事者や、支援に奮闘する人々がいる。県内外の現場を歩いた。（２０１７年２月３日から12日まで）

地域の中で① 長期入院越え

就労「夢のよう」——訓練に励み自立生活

「塩こしょう、しましょうね」。調理訓練で豚肉を炒める女性の横に立ち、赤いバンダナをつけた永野京子さん（59）が優しく声をかける。

伊佐市の自立訓練施設「サンライズ」。規則正しい生活を送り、一人暮らしできるように買い物や掃除、洗濯、調理を学ぶ。近くにある精神科の大口病院から退院し、入所する人が大半だ。永野さんは調理助手として週3日働くパート職員だ。調理訓練を手伝った後は、入所者の昼食作り。てきぱきと配膳をこなしていた。

幻聴が激しく、大声で独り言を叫び、会話も支離滅裂……。そんな症状で2011年まで20年余り入院していたようには、とても見えない。

大口病院は、長期入院患者の地域移行に力を入れてきた。取り組みの柱の一つがサンライズだ。

昼食後に施設スタッフと談笑する永野京子さん（中央）＝伊佐市の自立訓練施設「サンライズ」

入院医療から地域生活へ――。精神障害者の地域移行を促す国の改革ビジョンが打ち出された04年に開設した。運営する法人理事長の永田雅子医師（45）は「入院生活と地域生活には大きな落差がある。地域に定着するにはつなぎの施設が重要」と話す。

障害者総合支援法に基づく宿泊型自立訓練施設は、県内にサンライズなど7カ所ある。

サンライズは定員20人。原則2年以内に地域へ送り出す。再び入院を余儀なくされることもあるが、40年以上入院した女性が借家で一人暮らしできるようになった例もある。最近5年間では、約20人がグループホームなどへ地域移行を果たした。

病院では、元入院患者が入院患者に対し地域生活の喜びや楽しさを語る機会をもうけ、退院意欲を喚起している。

自分よりも長い入院期間の人が次々に退院していく――。永野さんら長期入院組にも「退院したい」という意識が芽生え、職員らも地域移行への思いを強くしていった。

永野さんは入院中、妄想の影響か昼間でも布団を頭からかぶって寝ていることが多かった。しかし職員が粘り強く作業療法に誘い、編み物や紙のかご作りに没頭するようになる。作業中は大声の独り言も減った。

サンライズに11年に入所し一歩ずつ成長を遂げた。野菜を切ったり米をといだり、好きな調理訓練を黙々とこなす。グループホームに移った後も、日中はサンライズに通い、訓練を続けた。パート職に採用され1年半。今は近くの職員寮から自転車や徒歩で通勤する。

調理で味つけを間違うこともある。会話がかみ合わないこともある。「それでも施設スタッフが辛抱強く接してくれる」と感謝する。

「ピアスタッフ」という立場で、同じ障害を抱える入所者らへの助言役も求められる。調理訓練の前日に入所女性のエプロンやバンダナを買いに同行した。「誰かに必要とされるのはうれしい」

17年1月下旬の午後、入所者らがさまざまなテーマで話し合う会で、現状を語った。「私は働いて給料をもらう今の生活が夢のようです。皆さんも希望を持って頑張ってください」と目を輝かせた。

最近、自分が仕事をする姿が写った写真とお金を包んで母親（84）に贈った。「親孝行ですね」と言うと、「エヘヘ」と照れくさそうに笑った。

地域の中で② 受け皿作り

病院辞め情熱注ぐ

始良市の原俊弘さん（59）は2008年、市内で訪問看護ステーションを始めた。精神障害者の地域生活支援事業所、2棟のグループホームも開設した。

「地域に精神障害者の受け皿がないから、退院させてあげられない。だったら自分で作ろう」。そんな思いが募り08年、看護師として25年勤めた精神科の県立始良病院を退職した。

「家族から反対されたが人生は一度しかない。後悔したくなかった」。退職金をつぎ込み、大きな借金も抱えた。しかし10年以上の長期入院者を相次いで地域移行につなげた今、大きなやりがいを感じている。

病院勤務時代、多くの長期入院者を見てきた。受け入れ条件が整えば退院できる社会的入院も少なくなかった。

45歳で看護師長になり地域移行を促進しようとしたが、思い通りにいかない。退院できる患者のアパートへの入居を頼みに行っては断られた。「グループホームも訪問看護サービスも、精神障害者に対応できるところはほとんどなかった」と当時を語る。

退職後、受け皿作りを本格化させた。不動産業者に頭を下げて回ると「少しずつ協力してくれる人が出てきた」。

博文さんが住むアパートで近況を聞く原俊弘さん（中央）＝姶良市

博文さん（66）は、原さんがそうやって見つけた姶良市内のアパートで暮らす。20代で統合失調症を発症した。退院して自宅に戻っては家族とトラブルになる。暴力も振るった。入院歴は通算20年を超える。姶良病院には15年入院した。

その間、看護した原さんは「博文さんは家族と関係が悪いだけ。一人暮らしならうまくいく」と考えていた。アパートの管理会社に「何かあったら連絡してください。すぐ駆けつけます」と頼み、保証人にもなった。

博文さんのアパート暮らしは7年になる。訪問看護を週3日組み、服薬管理を徹底する。症状の再発はない。

部屋に入れてもらった。きれいに片付いている。食事は自炊。「昔、飲食店のバイトで作っていたから得意だよ」。台所には調味料が整然と並ぶ。長期入院を余儀なくされる理由は見当たらない。

「寝転がってテレビを自由に見られるのが幸せ」。野球観戦を好む。新聞配達をして通った高校では野球部だった。「プロ野球は巨人。お笑いは明石家さんまが好き」と屈託がない。

腎臓を患い週3回、自転車で人工透析に行く。それでもどこか楽しそうだ。「一生、退院できないと思っていたから」と打ち明けた。困りごとがあれば原さんに電話する。「年下だけど兄貴みたい」だという。その兄貴の思いに応えようと日々を過ごす。

地域の中で③　元入院患者

住民と交流「幸せ」

精神障害者の受け皿作りに奔走する姶良市の原俊弘さん（59）が地域にまいた種は、花を咲かせつつある。そう実感できる光景だった。

「ホールインワン出たよ！」。晴れわたる空の下、歓声が響く。〝快挙〟を達成した金田秀人さん（61）はガッツポーズ。周りから肩をたたかれ満面の笑みを見せた。

2017年1月末、姶良市の地域生活支援事業所アシストで開かれたグラウンドゴルフ大会だ。

アシストは精神障害者を対象とする通所施設だ。原さんが2011年に立ち上げた。精神保健福祉士ら5人が勤める。各種相談に乗り、カラオケやゲームをしたりする日中の居場所にもなる。

金田さんはアシストの利用者だ。その日は年に数回ある利用者と地域住民との交流大会

ホールインワンを出し、住民から声を掛けられる金田秀人さん（右から４人目）＝姶良市の地域生活支援事業所アシスト

で、約50人が参加した。

「みんなフレンドリーに声をかけてくれる。幸せ」と金田さん。長年、統合失調症とアルコール依存症に悩まされてきた。16年11月、近くの県立姶良病院を退院した。アシストの系列グループホームに住み、訪問看護を受ける。「病気でいろんな人に迷惑をかけた。これからは穏やかに生きたい」と前を向く。

グラウンドゴルフに参加する地元住民らによると、はじめは障害者に対し理解に欠ける発言をする人もいた。ただ交流を続けるうち、「違い」を寛容に受け入れられるようになったという。

「堀さん、早くしてね～」。プレー中、何度も抜け出したばこを吸いに行って周りを待たせた堀一男さん(67)。すぐ座り込み表情を変えない。周りと話すこともないが「楽しかった」と喜ぶ。

統合失調症で10年以上入院し6年前に退院した。アシストの支援を受け今はアパート暮らしだ。

大みそかの自宅をのぞいた。散らかっている。掃除は苦手だ。訪問看護師が片付け始めると、悪いと思ったのか、堀さんは風呂を洗いだした。

看護師と入れ替わるように今度はヘルパーが来て昼食を作る。介護保険の訪問介護だ。親は亡くなり身寄りはないが、年越し時期、「寂しさは感じなかった」という。

月水金は姶良病院のデイケア、火木土はアシストに自転車で通う。さまざまな医療福祉サービスが、堀さんの生活を支える。

グラウンドゴルフ大会で写真撮影に走り回っていたのが、アシストの樋之口亮施設長（33）だ。かつて精神科病院に勤めた。患者の退院を支援したが、再入院や孤独死するケースを経験した。

退院後に関われないもどかしさを味わい転職した。「忙しいけどやっぱり地域で当事者を支える仕事はいい」と満足感を漂わせる。

地域の中で ④ 退院支援

保健所主導で推進

「精神障害者の長期入院を放置するのは人権侵害と同じです」

鹿児島県が２０１６年12月、県庁で開いた障害者の地域移行に関する研修会。県内の精神保健福祉士や市町村担当者を前に、豊岡保健所（兵庫県豊岡市）の柳尚夫所長（59）は語気を強めた。

兵庫県北部の但馬《たじま》地域（人口約17万人）では、豊岡保健所が主導し1年以上の長期入院者の地域移行を推進している。精神科病院や障害者の相談支援事業所と連携を図っている。

長期入院者は14年６月末、３７７人だったが、16年は３３４人と11％減らした。同じ期間に鹿児島県は４％減だった。地域移行のノウハウを学ぶため、県が講師として招いた。

柳所長は精神科医でもある。大阪府や兵庫・淡路地域で、精神障害者の退院支援に精力的に取り組んできた。

地域移行の戦略会議で発言する兵庫県・豊岡保健所の柳尚夫所長（右）＝同県養父市

原点がある。保健所の業務で地域を回ったとき、以前診察したことのある男性と再会した。「病院で見せる表情とはまるで違った。地域で暮らす大切さを思い知った」という。

14年に豊岡保健所へ異動した。地域の精神科病院は、入院患者に占める長期入院者の割合が7割を超え、全国を上回っていた。「長期入院者を5年後にゼロにする」。あえて無謀な目標を公言した。

手始めは地域の3病院の意識改革だった。院長らに、受け皿があれば退院できる患者をリストアップするよう求めた。リストを基に「地域移行支援」という福祉サービスにつなぐためだ。

障害者が申請すれば、相談支援事業所から、退院後の住居確保や生活準備の援助を受けられる。12年度に制度化されたが、申請数は鹿児島を含め全国的に低調だ。要因の一つに、入院患者への周知不足がある。柳所長は病院の協力をもらい毎月、相談支援事業所が地域移行の説明会を病院で開くようにした。

病院や事業所、保健所など関係機関が集まる戦略会議も毎月開く。17年1月中旬の会議には25人が集まった。障害者が退院する際、ネックになりやすい住居の情報共有から始める。

「今、うちの法人のグループホームに空きがある」「それなら○○さんの地域移行を進めよう」

具体的な事例を報告し合い、どうすれば退院させられるか話し合う。

13年度にゼロだった地域移行支援の申請は、14年度が5人で、15年度は24人に急増した。同年度の鹿児島県内のサービス申請者は2人。その差は歴然だ。

「特別なことではない。本気になればどこでもできる」。鹿児島での講演で柳所長は強調した。

地域の中で⑤　原動力

ピアが退院後押し

1年以上の長期入院者の地域移行が進む兵庫県北部の但馬《たじま》地域で、原動力となっているのがピアサポーター（通称ピア）だ。

精神疾患を経験した人が、福祉サービス「地域移行支援」の担い手として、患者の退院前後の暮らしを支える。

地域移行に関する院内説明会で体験を話す。患者の通院や外出、買い物に同行するなど活動は多岐にわたる。

但馬地域にある豊岡保健所は2014年から独自にピアを養成する。全国的にも珍しい試みだ。年1回、2日間の養成講座を開く。講座を修了した14人が現在、二つの相談支援事業所で働く。

そのうちの一つ「生活支援センターほおずき」でピアとして働く高木淳さん（43）に17年

ピアサポーターと買い物をする地域定着支援サービスの利用者（右から２人目）＝兵庫県朝来市

1月中旬に会った。その日はアパートで一人暮らしする上坂洋一さん（42）の通院に付き添った。

上坂さんは16年11月に退院したばかりだ。統合失調症で16年入院していた。初めは退院への不安が強かった。しかし、院内説明会でピアの体験談を聞くうち、「自分も退院できるのでは」と意識が変わった。説明会に何度も参加し地域移行支援のサービスを申請した。

申請を受け、高木さんらピア２人が週1回、入院中の上坂さんを訪ねた。信頼関係を築き、アパートの下見や家具・家電の買い物に行く。携帯電話の練習も付き合う。

退院後も上坂さんは、ピアが自宅を訪問し外出に同行する「地域定着支援」の福祉サービスを受ける。「ピアがいてくれて心強い」と信頼を寄せる。

ピアの高木さんも統合失調症で入院歴がある。「ピアは病気を経験しているのが強みになる仕事」と誇りを持つ。ほおずきから時給850円をもらい、多いときで約5万円の収入を得る。

ほおずきの谷友紀子センター長(45)は「ピアが患者の心に寄り添い、きめ細かく動いてくれるので助かる」と話す。ピアの賃金は地域移行支援の収入でまかなえるため、採算はとれている。

鹿児島県は14年度、民間団体の研修を活用した養成事業を実施した。8人を「ピアサポート専門員」として認定したが、事業は1年で終了した。

県の第4期障害福祉計画では、12年6月末時点で6402人いた長期入院者を、17年6月末までに1152人減らす目標を掲げた。しかし実際は、16年までの4年間で551人どまり。目標達成は極めて厳しい状況だ。

但馬地域での取り組みをモデルに、県は17年度のピアサポーター養成を検討している。保健所、相談支援事業所、病院の連携を強化し1人でも多くの退院を目指す。

地域の中で⑥　住居確保

民間の活動に限界

精神障害者が地域移行する上でネックになるのが住まいだ。長期入院の結果、家族の協力を得られない人も多い。障害者が共同生活を送るグループホームは不足し、アパートもなかなか借りることができない。

「住まいは生活の根幹。誰もが地域で生活できるような支援を全国に広めたい」

鹿児島市のＮＰＯ法人やどかりサポート鹿児島代表理事の芝田淳さん（48）は２０１７年1月24日、厚生労働省の記者会見場で強調した。やどかりなど全国の民間9団体が合同で居住支援全国ネットワークを設立する発表の場だ。各団体の活動地域は秋田、宮城、岡山、高知、福岡など。それぞれ障害や高齢、経済的困窮が理由で住まいの確保が難しい人を支援してきた。

ネットワーク設立は、居住支援の重要性を知ってもらい、公的な支援強化を図るのが狙いだ。２月18日、鹿児島市で設立総会を開く。
事務局になるやどかりは07年にできた。司法書士でホームレス支援をしている芝田さんが、精神保健福祉士の鶴田啓洋さん（44）らと設立した。

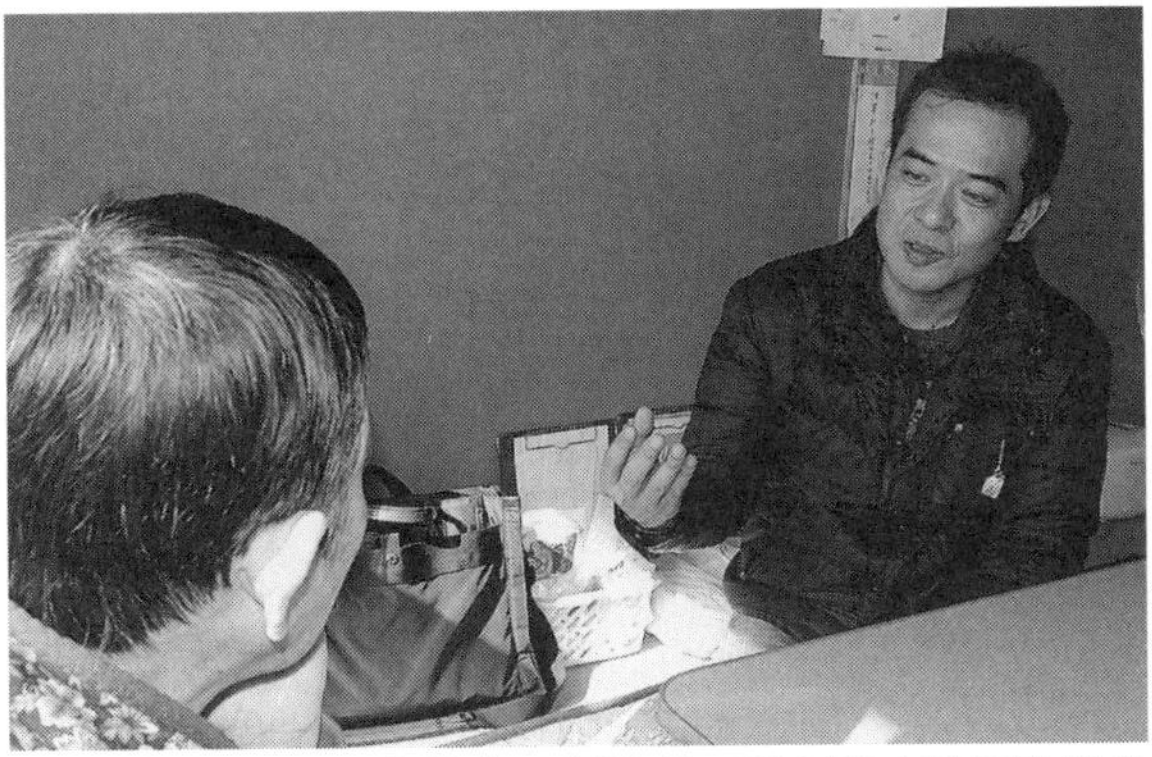
やどかりサポート鹿児島の利用者の話を聞く鶴田啓洋さん（右）＝鹿児島市

鶴田さんは精神科病院に勤めていた。退院支援を担当し住居探しに奔走したが、「連帯保証人の壁に何度も阻まれた」という。

精神保健福祉士は１９９７年、精神障害者の社会復帰をサポートするためにできた国家資格だ。鶴田さんは「資格に恥じない仕事がしたい」と病院を辞め、やどかりの活動に尽力してきた。

やどかりは、精神障害者やホームレスが住居を借りる際、連帯保証人になり、その後も継続的に見守りを行う。

現在、保証人になっている約１４０人のうち約60人が精神障害者だ。見守りは、精神保健福祉士や看護師らがボランティアで担う。

しかし運営は厳しい。収入は当事者からの利用料（2年で2万円）と趣旨に賛同する団体・個人の会費が中心だ。未払い家賃などを保証する保証事故が後を絶たず、収支を悪化させている。

ただ、鶴田さんは「精神障害者の保証事故はほとんどない」という。通院やデイケアで当事者とかかわる精神科病院などの協力で、見守りがうまくいっているからだ。

一方、元ホームレスを含め全ての利用者の孤立を防ぐため、見守りを充実させるには人手が足りない。

「民間でやるのは限界」。そんな現状認識の共有が全国ネットワーク発足につながった。芝田さんは「空いている民間住宅の公営住宅化など政策提言をしていきたい」と意気込む。

地域の中で ⑦ サービス過疎

島生活に負担重く

地域生活を送る精神障害者の日中の居場所は増えている。精神科病院のデイケアや就労継続支援事業所などだ。ただ都市部に偏る傾向があり、地域間格差は広がる。特に医療福祉サービスの過疎地といえるのが離島だ。

県内に51カ所ある精神科病院は3分の1が鹿児島市に集中する。離島は種子島、奄美大島、徳之島に計4カ所しかない。

沖永良部島は精神科医がいない島の一つだ。精神障害者は100人以上に上る。鹿児島市内に100カ所以上ある就労継続支援事業所は、島に1カ所だけ。定員は身体・知的障害者と合わせ20人と少ない。

2017年1月中旬、沖永良部島・知名町の精神障害者ふれあいサロン「もーりよ」を訪ねた。日中の居場所がなかったため、町が09年に始めた。利用者は平日の日中、元教員住宅

誕生会で盛り上がる「もーりよ」の利用者ら＝知名町

の一室で、おしゃべりやカラオケなどをして過ごす。

この日は2カ月に1回開く誕生会。「おめでとう。僕からは歌を贈ります」。沖成俊之さん（43）がギターを弾き、絢香の「三日月」を歌う。集まった利用者ら約20人が手拍子で盛り上げた。

19歳から妄想に悩まされ、家にこもりがちだった沖成さん。「ここに来るようになって気持ちが前向きになった」という。ギターは通信教育で学んだ。

ただ、次のステップは見えにくい。専門的な指導を受ける障害者の自立訓練施設も就労移行支援事業所も、島にはない。

サロンで支援員を務める吉田文雄さん（64）は島の精神障害者家族会の会長だ。家族会は、島への精神科病院開設を訴えるため1980年代に発足した。だが病院どころか、医療環境は厳しさを増している。

島の精神障害者の多くは、約60キロ離れた徳之島病院の医師が主治医だ。病院への移動手段は1日1便のフェリーで、通院は泊まりがけになる。

徳之島病院が87年から続ける巡回相談が頼みの綱だ。しかし、月1回だった巡回が医師不足のため2016年春から2カ月に1回に減った。

体調が急変してもすぐに病院へ行けない。地域では支えきれず、どうしても島外での入院が多くなる。17年1月末時点で、サロンに登録する24人のうち4人が入院中だった。

統合失調症を患っていた吉田さんの妻かおるさん（故人）も、島外で何度も入院せざるを得なかった。「さみしがり屋だったから本人もつらかったと思う」と振り返る。

「国は『地域移行を進める』と言うが（医療福祉サービスが豊かな）都会のイメージしかないんじゃないか」。吉田さんは、障害の有無にかかわらず安心して住める島になることを願う。

地域の中で⑧　訪問型診療所

1年かけ受診説得

「いい天気。桜島がきれいに見える」

鹿児島市の城山展望台から景色を眺めながら、女性（43）が声を弾ませた。隣で、訪問看護師の田尻智子さん（45）がほほ笑む。「彼女と外出できる日が来るなんて。諦めなくてよかった」と振り返る。

女性は統合失調症で2年前まで18年間、引きこもり生活を送った。１９９６年ごろ、県外で就職した。1年後、同居する男性から鹿児島の母親（76）に電話がかかってきた。「外国に売り飛ばされるとわめいている」

迎えに行くと、酒に酔い、興奮状態だった。家には、頭痛薬など市販薬が散乱している。実家に何とか連れ戻したが、カーテンを閉め切り、暗い部屋に閉じこもってしまった。光を入れようとすると「やめて、殺される」とおびえた。

城山展望台で桜島を眺めながら話す看護師の田尻智子さん（左）と女性＝鹿児島市

家族が出掛けた間に、家中のじゅうたんや衣類を洗濯する。日に4、5回は洗濯機を回し、水道代が3万8千円に上った月もあった。

逆に髪は全く洗わなかった。固くなった髪をバスタオルで束ね、50センチほどの高さに巻き上げた。精神疾患が強く疑われた。「病院に行こう」と何回持ちかけても拒否するばかりだった。

「娘が部屋から出てこないんです。夜は奇声を上げて。もうどうしたらいいのか」。母親がすがるように鹿児島市役所の市民相談を訪れたのは2013年秋のことだ。

精神科病院を紹介された。ただ病院も、来院しないと診察できないという。そして市内にある「はぁと診療所」を教えられた。県内では珍しい訪問型の精神科診療所だ。

14年4月に担当看護師の田尻さんが初めて訪問したときは、顔を見ることすらできなかった。その日から田尻さんは毎週、診療所の迫田礼彦《のりひこ》医師（40）は隔週で通った。

あいさつ程度しかできない日が続く。会えない日はメモを残し、家族を通じ訪問があったことを伝えてもらった。

回を重ねるごとに、女性の警戒心は薄らいでいった。ひと言、ふた言……会話になり始めた。

1年たった15年4月。迫田医師が聞いた。「体調を整えるため薬の注射をしたいのですが、いいですか」。不安や幻覚を抑える薬だ。女性は少し戸惑いつつ「はい」と答えた。

女性は今、医師や看護師の定期的な訪問を受けながら働いている。就労継続支援事業所に週4日通い、月1万円程度の「給料」を得ている。

病状は落ち着き、家族とも食卓を囲めるようになった。髪は肩まで短く切り洗髪も欠かさない。「引きこもっていたのがうそみたい。診療所とつながり本当によかった」。母親は涙を浮かべた。

地域の中で⑨　多職種

生活全般サポート

壁にかかる薬入れを見て、はぁと診療所（鹿児島市）の迫田礼彦医師（40）が声を掛けた。「昨日の分、飲み忘れてるね。ちゃんと飲もう」

市内のマンションで一人暮らしする拓郎さん（39）はうなずいた。統合失調症でこれまで6回入院した。3年前から定期的に、迫田医師と看護師の訪問を受け、地域生活を維持している。

はぁと診療所は県内では珍しい精神科専門の訪問型診療所だ。医師1人、看護師3人、精神保健福祉士1人、作業療法士1人の6人で運営する。2012年に開設した。

入退院を繰り返す人や、引きこもりの人など、重度の精神障害者らの暮らしを多職種チームで支える。緊急時は、スタッフが交代で持つ携帯電話で応対する。必要なら深夜でも駆けつける。利用者は10代から90代までの約70人だ。

拓郎さん（左）の訪問診療で、履歴書にアドバイスする迫田礼彦医師＝鹿児島市

迫田医師は、鹿児島大学医学部を卒業後、鹿大病院を経て、鹿児島市内の民間精神科病院に勤務した。志を同じくする他の医師らと連携し、入院初期に集中的に治療し、早期退院化を進めた。

2年余りで入院患者が2割減った。しかし「上層部から経営に影響が出ると非難された」という。朝礼では毎日、病床稼働率が発表される。「入院はベッドを埋めるためではないはずなのに」。矛盾を感じて退職した。

その後に勤めた大阪の精神科救急が有名な病院でも壁にぶつかった。せっかく早期退院しても、すぐに再入院する患者が後を絶たなかったのだ。

「地域のサポート態勢が不十分なまま退院させたら患者のためにならない」。地域定着には、欧米で普及する包括的な訪問型支援が不可欠だと確信した。

「手を差しのべる」という意味の「アウトリーチ」ともいわれる。本人の意思に沿った医療と生活支援を丸ごと提供する。例えば診察や血圧測定に加え、買い物、余暇活動への同行、家族支援など内容は幅広い。

厚生労働省は11年度から3年間、アウトリーチ普及を目指す補助事業を行った。鹿児島県も実施した。迫田医師は、県が委託した尾辻病院（鹿児島市）でチームの一員として働き、経験を積んだ。

はぁと診療所のこれまでの利用者は約100人。その後、入院したのは1割に満たない。職員は自信を深めている。迫田医師は「地域では身体拘束する抑制帯も保護室も使えない。難しい分、やりがいがある」と話す。

「僕、働きたいんです」。マンション一室で診察中、拓郎さんが履歴書を見せた。迫田医師は内容を確認してアドバイスする。「実現できるよう頑張ろう」。2人はほほ笑んだ。

地域の中で⑩　第二の人生

訪問支援の充実へ

在宅精神障害者を多職種で支える福岡市の一般社団法人「Q―ACT（キューアクト）」の北九州チームで、笹川純子さん（61）は働いている。

2016年3月まで鹿児島県庁で精神障害分野を統括する精神保健福祉対策監だった。「ACTで経験を積み鹿児島で生かす」。決意を胸に新人として慣れない仕事に励む。

北九州チームは14年にできた。精神保健福祉士や看護師、作業療法士ら6人が所属する。365日24時間対応で、利用する障害者は約40人だ。自己負担は所得などに応じて決まる。保健師などの資格を持つ笹川さんは定年退職後まもなく加わった。

17年1月上旬、北九州市のボウリング場に笹川さんの姿があった。「ナイス！」。ストライクを出した男性（42）に近づき、笑顔でハイタッチを交わす。

男性は統合失調症患者だ。2年前まで10年余り引きこもってきた。障害程度は重度だったが、ＡＣＴスタッフが通ううちに外出できるようになった。次のステップは、初対面の人（他のＡＣＴ利用者）との交流だった。16年秋に始めたボウリングにはそんな狙いがあった。男性にとって約20年ぶりのボウリングだった。笹川さんらスタッフは一緒に関連のＤＶＤを鑑賞し、ハイタッチの練習もした。それは単なる遊びではない。今はまだ難しいが就労という目標へ、小さな一歩を重ねる。ハイタッチができるようになるのも前進だ。

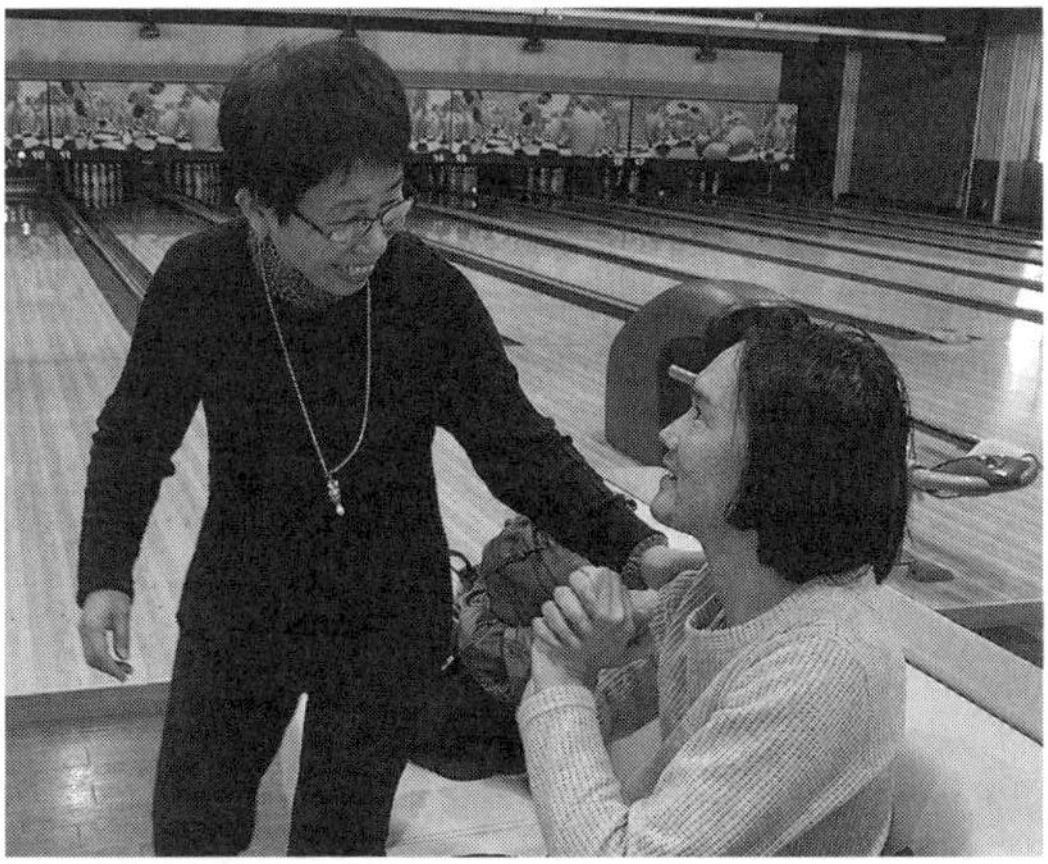

Q-ACTの利用者とボウリングを楽しむ笹川純子さん（左）＝北九州市

笹川さんは日中に障害者の自宅を４、５軒回り、夜間は交代で緊急電話に対応する。退院支援の一環で外泊訓練に夜通し付き合ったこともある。「訪問支援がなければ入院が必要という人は多い」。裏を返せば支援があれば重度者でも地域生活できるというわけだ。それを理念でなく体験で確信している。

県職員時代は保健所勤めが長かった。地域の健康に目配りする中、精神障害者を支える態勢が弱いと痛感していた。住居や施設のハード面だけでなく、ACTのような包括的な訪問支援などのソフト面も同様だ。

鹿児島の長期入院傾向は今も変わらない。「障害者を地域で支える技術を身につけたい」という強い思いが、退職後の武者修行につながった。

厚生労働省は、14年に18万5千人だった1年以上の長期入院者を20年度末までに最大3万9千人減らす方針だ。

笹川さんは「包括的な訪問支援の強化は欠かせない。働く場を増やし、地域の理解を深める啓発活動も必要」と訴える。

第5部

働く＋雇う

働く精神障害者が増えている。病気と付き合う障害者にも、雇う側にも期待と不安がある。双方にとってよりよい環境へ。変わりゆく職場を訪ねる。（2017年3月14日から22日まで）

働く＋雇う① 初採用

職場理解徐々に――声掛け重ね不安解消

新しい職場での2年半ぶりの仕事と、初めての精神障害者雇用――。働く側、雇う側の双方にあった不安は和らいでいる。

２０１７年2月下旬、薩摩川内市教育委員会の教育総務課。嘱託職員の小原《こばる》宏さん（39）が、公文書ファイルの背につけるシールを丁寧に貼っていた。文書管理に必要な仕事の一つだ。パソコンでのデータ入力や各種申請書のチェック、文書発送も任される。「ここで働くようになり人生をもう一度やり直そうという気力がわいた」と表情は明るい。

前職は国家公務員。28歳のとき、統合失調症とうつ病の症状が出る統合失調感情障害を発症した。精神科病院に入退院を繰り返した。13年10月に退職し、地元の薩摩川内市に戻った。障害者の自立訓練施設や、鹿児島障害者職業能力開発校でリハビリに励んだ。そのかいあって16年4月、薩摩川内市に採用され今の職場に配属された。

薩摩川内市教育委員会の教育総務課で働く小原宏さん（中央）（橋口実昭撮影）

薩摩川内市は障害者23人を雇う。ただ15年度までの採用は身体障害者のみ。精神障害者は16年春２人採用したのが初めてだった。うち１人が小原さんだ。

初採用について市総務課は「障害の種別ではなく個々の能力を見て判断した」と答える。とはいえ現場に不安がなかったわけではない。小原さんの上司である市教委教育総務課の鮫島芳文課長（57）は「接し方など初めは手探りだった」と打ち明ける。

事前に配慮すべき点を本人に尋ねた。「コミュニケーションが苦手なのでその点を理解してほしい」という要望を課職員にも伝えた。孤立しないよう声掛けを欠かさないことも確認した。小原さんは服薬により症状は安定している。ただ病気による記憶障害があり指示を覚えることに不安があった。そのため口頭だけでなくメモでも渡してもらうようにした。

シール貼りを終えた小原さんに隣の女性職員が「いつもありがとう」と声を掛ける。鮫島課長は「小原さんは職場に溶け込んでいる。精神障害に対する職場の理解も深まった」と話す。4月に契約を更新する見込みだ。

精神障害者の雇用は増えている。16年の厚生労働省まとめでは、従業員50人以上の企業が雇う精神障害者は4万9千人（鹿児島県内299人）で、13年に比べ1・9倍。背景には障害者雇用を促す相次ぐ制度改正がある。

法定雇用率は13年に0・2ポイント引き上げられた。従業員50人以上の企業は2％、国、地方公共団体は2・2～2・3％になった。15年には、未達成の場合に納付金の支払い義務がある対象企業が拡大された。

精神障害者の地域移行が進む中、働く意欲のある人も増えた。15年度にハローワークに新規登録した精神障害者は全国で約8万人（県内1343人）。10年で4倍以上だ。

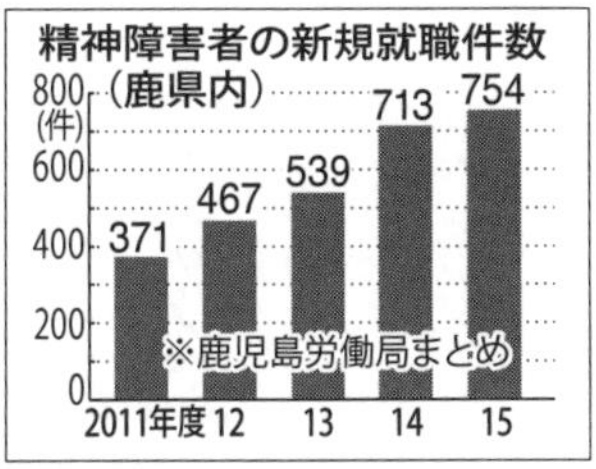

ハローワークかごしま障害者援助部門の川端正剛主任指導官（59）は精神障害者の雇用が進む要因について「障害者雇用の需要が増える中、身体・知的障害者は既に雇われ求職者が頭打ち状態という側面もある」と指摘する。
18年4月には改正障害者雇用促進法が施行される。法定雇用率の算定に新たに精神障害者を加えるため、法定雇用率がさらに引き上げられる見通しだ。企業側の精神障害者雇用対策は待ったなしだ。

働く＋雇う② 就職支援

苦手改善し自信に

全国のハローワークに精神障害者雇用トータルサポーターが配置されている。障害者の雇用を促すため２００８年度から非常勤職員として活動する。

精神障害の専門知識を持つ者が、関係機関と連携しながら求職者を支援する。就職への準備計画を立て企業啓発も行う。

全国に３９０人、鹿児島県に10人いる。ハローワークかごしま（鹿児島市）の前野明子さん（44）はその１人だ。精神保健福祉士と臨床心理士の資格を持ち、08年から６００人以上の支援にかかわった。

発達障害のある鹿児島市の山田寛久さん（35）の担当になったのは12年４月だ。本人のほか家族や関係機関と協力し、１年３カ月がかりで生協コープかごしま（鹿児島市）への就職につなげた。

山田さんは他人との意思疎通や状況の判断が苦手だ。大学卒業後にスーパーなどで働いたが、長続きしなかった。6年前に勤めたホテルでは、ベッドメークの仕事をした。九州新幹線の全線開業を受けて利用客が急増していた。「もっとてきぱきできないか」と上司から注意されたという。パニックになった。結局、数カ月後に退職した。

求職者の相談に乗る精神障害者雇用トータルサポーターの前野明子さん＝鹿児島市のハローワークかごしま（北村茂之撮影）

前野さんと出会った当初は、就労への自信を失っていた。前野さんは「付き添いの母親の助けがないと、自分の気持ちをうまく伝えられない状態だった」と振り返る。

山田さんは隔週でハローワークに通った。話し方や他人の話の受け止め方などコミュニケーションを訓練し、苦手を少しずつ改善した。次第に自信を深め、1人で来られるようになる。

「自分の障害を客観的に説明できるようになった」と山田さん。

前野さんのアドバイスもあって障害福祉サービスの

就労移行支援事業所に通い始める。一般就労の準備のためだ。職場体験や会社見学をした。

13年5月、生協からハローワークに障害者向け求人があった。業務内容は食品加工の流れ作業。前野さんは「黙々とする仕事は合う」と思い、山田さんや両親に持ちかけると乗り気だった。支援事業所スタッフとも相談し応募を決めた。

鹿児島障害者職業センター（鹿児島市）に支援を依頼し面接の練習をした。採用直前にあった1週間の現場実習には、センターからジョブコーチ（職場適応援助者）が派遣された。国が定めた研修を受けた者が、障害者の職場に同行し働く側と雇う側の調整役を務める。

「さまざまな支援が今の生活を支えている」。山田さんは再就職した2年後、60人の前で体験を話した。精神障害者の就労に関する勉強会。前野さんからの誘いだった。

働く＋雇う③　職場定着

困りごとに即対応

発達障害のある山田寛久さん（35）は仕事が長続きしなかった。しかし2013年7月、生協コープかごしま（鹿児島市）に再就職し職場定着への手応えを感じている。「困っている点があればすぐ改善してくれる。だから仕事を辞めなくて済んだ」と感謝する。

肉や魚、野菜を加工する産直センターに所属している。就職当初は、食肉をパック詰めする作業に携わっていた。

牛肉や豚肉などの種類、分量が違っても作業の流れは大差ない。しかし、山田さんは肉の種類が違えば「新しい作業」と感じてしまい混乱した。作業は遅くなかったが思い通りには進まない。周りに迷惑を掛けていると思い込み、仕事を休みがちになった。

就職から2カ月後、魚の加工品を入れるコンテナ洗浄の仕事に移った。機械操作を覚えれば、1人で作業できる部署だ。職場の上司、高山靖次郎センター統括（56）は「ジョブコー

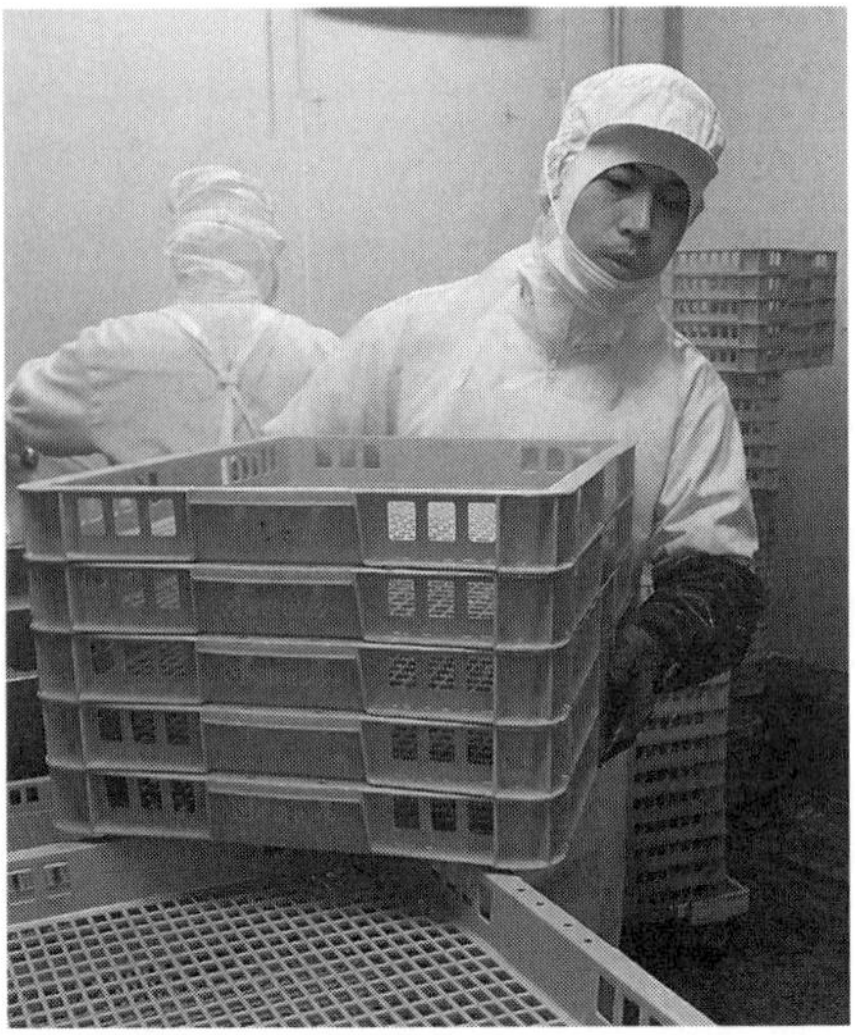

次々と運ばれてくるコンテナを洗浄する山田寛久さん＝鹿児島市の生協コープかごしま産直センター（佐伯直樹撮影）

チと相談して決めた。山田さんは今の仕事を丁寧にやってくれている。あのとき配置を換えてよかった」と振り返る。

　鹿児島障害者職業センターから派遣されたジョブコーチの福田貴子さん（39）は「山田さんにとって肉のパック詰めは複雑な作業に見えた。職場に相談すると素早く対応してくれた」という。

　コンテナ洗浄で山田さんが混乱しないよう独自のマニュアルをつくった。「洗浄済みコンテナが75個たまったら隣の加工場に送る」など、職場とジョブコーチが話し合いながら内容を決めた。

　生協コープかごしまは12年から本格的に障害者雇用を進める。現在69人（精神障害者21人）で、産直センターに32人（同8人）が配属されている。センターには障害者担当の専従職員1人を置く。採用後1カ月は毎日、仕事上の悩みや問題点を聞き取る。以降も随時相談を受け付ける。障害者への配慮を学ぶ従業員向けの勉強会や、障害のある従業員・家族との交流会も毎年開いている。

障害者雇用は、法定雇用率の達成と人手不足の解消が狙いだった。高山統括は「職場側の配慮があれば一人前に仕事をこなしてくれる。障害者は今ではセンター業務に欠かせない存在」と話す。

生協コープかごしまの16年の障害者雇用率は4・8%。県平均2・1%を大きく上回る。

山田さんの職場をのぞいた。洗浄機から洗い上がったコンテナを取り出す。手際よく台車に積んでいく表情はりりしい。「職場に貢献できてうれしい」。1日6時間、週5日働き、月の手取りは約7万円。この3年余りは欠勤もなくなった。「定年まで勤める」。それが今の目標だ。

働く＋雇う④　特例子会社

配慮受け能力発揮

企業が障害者の雇用に特化した子会社を立ち上げる例が増えている。「特例子会社」と呼ばれる。雇う側、働く側双方にメリットがある。

雇う側は給与体系など親会社と異なる労働条件が設定でき、親会社の障害者法定雇用率の達成にもつながる。働く側は、企業就職の可能性が広がり、配慮された環境で能力を発揮しやすい。

２０１６年６月現在で全国には４４８社あり、10年前の１９５社から倍増している。鹿児島県内には2社あるが、精神障害者は雇用していない。

ニッセイ・ニュークリエーション（大阪市）は日本生命保険の特例子会社だ。資料作成や住所照会といった本社事務を代行している。

社員２２４人のうち１９９人に障害がある。精神障害者は46人で全社員の２割に上る。

17年2月下旬、オフィスを訪ねた。業務部の書類整備・発送グループで働く濱田弘志さん（36）が、聴覚障害のある同僚に手話で指示していた。

同僚と仕事の打ち合わせをする濱田弘志さん（左）＝大阪市のニッセイ・ニュークリエーション

入社5年目の濱田さんには発達障害がある。感情のコントロールが苦手で、想定外のことが起きるとパニックになり声が大きくなる。

働く上で支えになったのは、同社が導入しているアドバイザー制度だ。入社して3カ月間、部署の先輩1人が担当する。仕事の進め方や順序、日常生活の悩みまでマンツーマンで指導する。

その後もジョブコーチ研修を受けた上司が、表情や体調に目を配る。業務部の相井弘幸課長（48）は「離職や休職は会社にとっても損失。小さなつまずきでもすぐに対処できる態勢を整えている」と自負する。

配慮のポイントや注意点を共有する仕組みもある。ヒューマンケア集だ。精神障害のある社員とアドバイザー、上司に一人一人の特徴や対応、配慮すべき点を聞き取り冊子にまとめている。

特徴「話を聞きながらメモを取るのが苦手」
対応「説明を細かく区切りメモを取り終えるのを待って次に進む」
特徴「自分の経験のみで物事を判断しがち」
対応「本人の話を聞いた後、間違いを正す」

具体的な個別事例が並ぶ。管理職に配布し対応に生かしている。

精神障害者の採用を始めた08年以降、退職した障害者はわずか4人だ。離職が少ない理由を、柳原誠社長（62）は「互いを理解しようとする思いが社員全員に浸透していることが大きい」と分析する。

社内で主任や課長など役職に就いた精神障害者はまだいない。濱田さんは「将来的には役職に就き後輩たちのよき前例になりたい」と笑顔で話した。

働く＋雇う⑤　人材紹介

就職後もフォロー

精神障害者を雇用する企業が増える中、障害者と企業を引き合わせる会社も出てきた。人材派遣・紹介業リクルートスタッフィング（東京都）だ。２０１１年、精神障害者の就労支援を専門とする部署「アビリティスタッフィング（アビスタ）」を立ち上げた。精神障害者に特化した人材紹介サービスは全国でも珍しい。障害者の登録は無料で、企業側から紹介料をもらう仕組みだ。

17年2月下旬、同社であったサービスの説明会。「仕事を紹介するには障害者手帳の取得が前提です」「障害を開示して働くことでさまざまな配慮を受けられる利点があります」。担当者の話に、スーツ姿の障害者らが聞き入っていた。

求職の内容は契約社員が7割で、残りが正社員やアルバイトだ。面接試験の前に予行練習し、必要に応じて面接に同行することもある。

障害を開示して働くことについて説明するアビリティスタッフィングの担当者＝東京都

採用が決まった後もフォローする。精神保健福祉士資格を持つスタッフが、入社前に本人から不安や配慮してほしい項目を聞き企業に伝える。

「飲み会に誘っていいのか」「体調の良しあしを判断するポイントは?」――。採用を決めた企業に対しても、社員らの質問を受ける機会を設け不安解消や啓発に努める。入社半年は企業を月1回以上訪問し、本人と配属部署の相談に乗る。

精神保健福祉士の野口真理子さん(39)は「当事者に寄り添うだけでなく、企業側の声もしっかり聞いて解決策を探るところが強み」と話す。

統合失調症の女性(37)はアビスタの紹介で16年秋、契約社員として事務の仕事に就いた。それまで複数の職場で病気を隠してきたが、体調を崩し退職を繰り返した。障害を初めてオープンにした就職は「周囲が障害を理解してくれるので働きやすい」と語る。

アビスタの顧客企業は300社に上り、精神障害者約700人の就労につなげた。

事業責任者の染野弓美子さん（40）は「当初は精神障害者の雇用経験がなく、仕事をどう任せるか迷う企業が多かった。配慮があれば能力を発揮できる場合が多いことを丁寧に説得し理解を得てきた」と振り返る。

独立行政法人高齢・障害・求職者雇用支援機構が14年にまとめた調査報告によると、ハローワークを通じ一般企業に就職した精神障害者の38％が3カ月未満で離職した。

一方、アビスタを通して就職した人の入社6カ月後の定着率は90％を超えるという。染野さんは「入社後半年は就労者が最も不安定になりやすい。この立ち上がり期に十分な支援をすることが、その後の定着につながってくる」と強調した。

働く＋雇う⑥　福祉的就労

事業所増、課題も

働く意欲はあっても一般就労は難しい精神障害者を支えるのが、就労継続支援事業だ。障害者総合支援法に基づく福祉サービスでA、B型がある。

A型は一般就労に近い形態だ。雇用契約に基づき原則として最低賃金以上の給与を支払う。２０１５年度の県内平均は月約６万円。B型は短時間の軽作業が多く、同年度の県内平均工賃は月約1万5千円だ。

いずれも、障害福祉事業の実務経験を持つ職員の配置が義務付けられている。定員やサービス内容に応じて国や県、市町村から支給される給付費を受けて運営する。

06年の制度化以降、事業所は全国的に急増している。16年4月現在、県内のA型は67カ所で、12年と比べて3・9倍に増えた。B型は２５３カ所で同じく1・7倍だ。

17年2月下旬、日置市のリゾートホテル「えぐち家」。客室清掃を請け負うA型事業所のエルアクト（鹿児島市）を利用する障害者5人が、シーツ交換などに忙しく動き回る。利用者の一人、酒匂俊幸さん（45）は「昼までに全室を整えないといけない。次に何をするか常に考えて動いている」と汗だくになっていた。

エルアクトはこのほか、鹿児島市内で病院清掃を請け負い食堂を営む。前身の事業所は精神科病院系列だったため、利用者45人中、30人に精神障害がある。

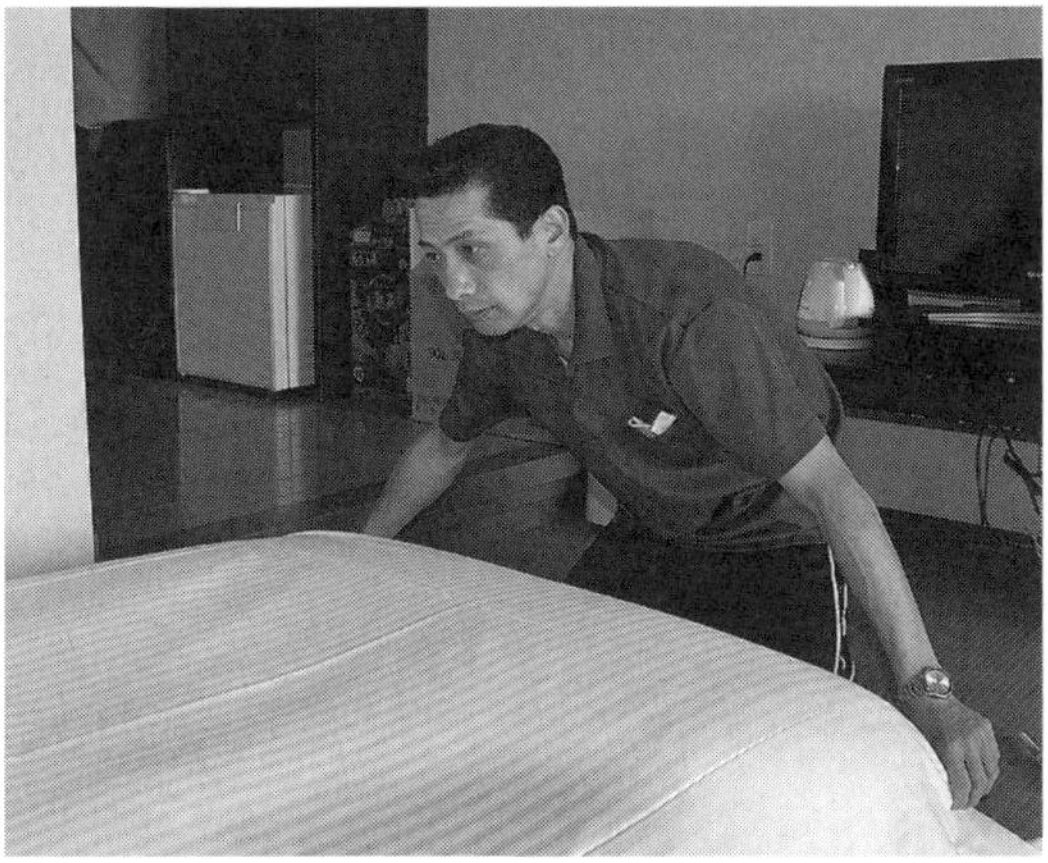
ベッドメーキングする酒匂俊幸さん＝日置市のリゾートホテル「えぐち家」

酒匂さんは8年前に統合失調症を発症した。療養を経て、再び一般就労に戻る一歩にしようと15年にエルアクトに入った。週5日、1日8時間働き自信を深めた。

一般就労先を探すため事業所スタッフにハローワークへ同行してもらうなどの支援を受けた。その結果、3月からレストランのウエーターに転職できた。「今まで以上に体調管理に気をつけて働きたい」と抱負を語る。

このように就労継続支援事業が一般就労につな

がるケースは増えている。県内では14年度でA型、B型合わせて52人が一般就労へ移行した。12年度と比べて10人多い。

ただ、事業所が急増する中で課題も出ている。

厚生労働省は15年、都道府県にA型事業所への指導を強化するよう通知した。「意図的に労働時間を短くして賃金を抑えるなど不適切な運営例がある」と指摘したのだ。短時間利用者が多い事業所への給付費を減らす仕組みも導入した。

A、B型ともに利用者確保が難しくなり、一般就労できる人まで囲い込む事業所が出てきたとの指摘もある。

エルアクトのサービス管理責任者の谷山寛英さん（35）は「やりがいのある仕事の提供や一般就労への移行実績など、今後は事業の質がより問われるだろう」と話した。

働く＋雇う ⑦ リワーク

再休職のリスク減

うつ病などの精神障害で休職した人の復職を支援する専門機関がある。リワークセンターだ。2005年、各都道府県に設置された。鹿児島は鹿児島障害者職業センター（鹿児島市）の中にあり、3人の専従職員がいる。直近の5年間で85人の復職につなげた。

運営は雇用保険で賄われる。利用には本人、主治医、会社の3者の合意が必要だ。利用者は基本的に週5日、3カ月間通う。

プログラム内容はさまざまだ。ストレス対処法やコミュニケーションの講習、利用者同士のグループミーティング、これまでの働き方を見つめ直す作業もある。

京セラ鹿児島川内工場（薩摩川内市）に勤務する又木康裕さん（30）は14年末に脳卒中を患った。その影響で仕事の能率が落ちたことに悩み翌年うつ病を発症し休職した。16年5月から3カ月、センターに通った。

復職後の体調について労務担当者と話す又木康裕さん（右）＝薩摩川内市の京セラ鹿児島川内工場

「グループミーティングで自分が物事を悲観的に考えすぎていることに気付けた」と話す。

毎日つけた生活記録表も役立った。睡眠や食事、体調などを書き込む。気分の浮き沈みは１００点満点で点数化する。記録表からは、徐々に生活リズムが整い、精神状態が安定する様子がうかがえる。

復職に向けては、利用者とセンター職員が月1回程度、会社に出向き現状報告する。復帰する際の業務内容や勤務時間も話し合う。又木さんの場合、休職前と同じ職場に戻り、当面は残業しないことを確認した。16年９月に復帰して半年。順調に働いている。

うつ病は再発率が60％と高く、再発による再休職防止は働く側、雇う側にとって重要な課題だ。

鹿児島川内工場は、又木さんのケース以前にもリワークセンターの利用実績がある。労務課責任者の宮下裕至さん（42）は「センターから会社側も助言を受け復職者の受け入れ体制を整えられる。再休職リスクは確実に減った」という。

うつ病による休職者が増える中、リワークセンターのような復職支援プログラムは、精神科病院のデイケアにも広がる。プログラムの普及啓発を行う医療機関でつくる「うつ病リワーク研究会」（東京）によると、会員医療機関は２００を超え、９年前の発足時から８倍に増えた。

鹿児島県内には３機関ある。森口病院（鹿児島市）は15年10月から始めた。基本的に６カ月のプログラムで、これまでの利用者は約30人だ。

担当する精神保健福祉士の桑原主税さん（32）は「市外からの利用や問い合わせもありニーズの多さを感じている」と話した。

働く＋雇う⑧　悲劇防げ

働き方見直し加速

企業で働く人が精神的に追い込まれ悲劇につながることがある。

2013年、鹿児島市の男性（50）が自ら命を絶った。「すまん。調子が悪い。今までにない感じだ。このままでは皆に迷惑をかけてしまう」。遺書にはそう記してあった。

全国展開する企業に勤めていた。筋金入りの仕事人間。土日もしばしば出社した。49歳の若さで県内の地区トップになる。業績の悪い地区を巻き返して——。社の期待に応えるべく一層働いた。

妻（56）は「今思えば地区トップになった年の秋から兆候があった」と振り返る。夜眠れていないのか朝起きられない。しきりにため息をつく。涙もろくなった。

「夫はうつ病だと分かっていたと思う」と妻。でも休まなかった。業績は伸びた。ただ組織再編を控え、さらに仕事が増えることに不安を漏らしていた。突然の別れは地区トップになって10カ月後に訪れた。
「責任感が強くて頑張りすぎた。私が休みを勧めていたら。管理職の心身状態をチェックする体制が会社にあれば結果は違ったかもしれない」。無念さは消えない。

職場でうつ病などの精神障害になり労災認定されるケースが全国で増えている。２０１５年は４７２件で、10年前の３・７倍に上った。そのうち自殺・自殺未遂が約２割の93件を占める。

鹿児島県内でも15年までの10年間で、精神障害による労災が25件認定されている。

精神障害になる原因はさまざまだ。仕事内容の大きな変化や、パワーハラスメント、過重労働などが挙げられる。

競争の激しい高ストレス社会では、誰でも心の健康を損ない精神障害者になる可能性がある。

15年12月、広告大手の電通の新入社員が自殺した。

４月から午後７時以降の残業を原則禁止する鹿児島銀行のオフィス＝鹿児島市

長時間労働による精神障害が原因で、労災認定された。社会問題化し、長時間労働を是正する機運が高まっている。

政府は働き方改革実現会議（議長・安倍晋三首相）の議論を踏まえ、17年3月末までに残業規制を強化する実行計画をまとめる方針だ。県内でも働き方を見直す動きが出ている。鹿児島銀行は、4月から午後7時以降の残業を原則禁止する。「生産性向上と行員の健康増進が狙い」という。

鹿銀の障害者雇用は現在36人。身体・知的障害者が大半を占めるが近年、精神障害者の採用も進めている。

鹿銀人事部は「障害の種別にかかわらず働きやすい、柔軟で多様性のある職場をつくっていく」と前向きだ。

第6部 偏見超えて

精神障害についてもっと多くの人に知ってほしい――。偏見や差別に苦しんできた障害者や家族、支援者らが社会への発信を強めている。鹿児島に広がるさまざまな啓発活動や理解者を育てる動きを追う。（2017年4月11日から21日まで）

偏見超えて ① 変化

実名6人、堂々と——生きる思い自ら発信

「私は精神障害者です。でも精いっぱい生きています。困難を乗り越え堂々とした人生を歩んでいきたい」

２０１６年10月の鹿児島市民文化ホール。壇上で鹿児島市の有村和浩さん（50）が力強く語ると、約６００人が集まった会場から大きな拍手がわいた。「うれしくて、こみ上げるものがあった」と振り返る。

精神障害者と家族らでつくる県精神保健福祉会連合会が主催した「友愛フェスティバル」。初めて大勢の前で障害の体験を話した。

元国家公務員。26歳のとき統合失調症を発症し、29歳で退職した。入院や療養を経て、47歳から鹿児島市の就労継続支援事業所で働く。野菜の袋詰めや公園清掃をし、「仕事をすると充実感がある」と胸を張った。

精神障害を患った経験を話す登壇者ら（左端が有村和浩さん）＝鹿児島市民文化ホール

有村さんら6人の障害者が体験発表した。全員が並んで座る机の前には、それぞれの名前が張り出された。発表の模様は、写真とともに南日本新聞社会面で紹介された。

有村さんは「新聞に載って反響があった。親戚から『あなたは誇り』と言われ、事業所近くのラーメン店の人にも声をかけられた」という。

連合会によると、障害者の体験発表は各福祉事業所などを通して参加者を募る。15年以上続くが、6人もの障害者が登壇し、全員実名を出してマスコミの撮影もOKというのは初めてだった。

友愛フェスティバルは障害者や家族らの交流と社会参加の意欲向上が目的だ。体験発表のほか、事業所などで作った物品を販売したり歌や踊りを披露したりする。しかし匿名での発表や、撮影は禁止というケースが少なくなかった。

背景には今も根強い社会的な偏見がある。

16年8月、南日本新聞が連合会の協力を得て行ったアンケートでは、精神障害者・家族約290人の50％が「精神障害への偏見差別を感じる」と答えた。

連合会の小蓬原昭雄事務局長（65）は「知られたくない障害者、家族もいて友愛フェスティバルなどで取材を受けることに消極的だった。だが自分たちから出て行かないと何も変わらないという雰囲気になってきたのも事実」と指摘する。

有村さんは「病気への劣等感もあり覚悟を決めて発表した。自分が話すことで偏見や差別が少しでもなくなればいい」と話した。16年12月に体調を崩し2カ月入院したが、3月から事業所に復帰し元気に働いている。

16年、障害者の歴史にかかわることが二つあった。一つは、障害を理由とする不当な差別を禁じた障害者差別解消法が4月に施行されたことだ。

7月には衝撃的な事件が起きた。相模原市の知的障害者施設で19人が殺害された。殺人罪などで起訴された元職員は「障害者なんていらない」と極めて差別的な供述を繰り返した。

小蓬原事務局長は「精神障害者たちは犯人と同列視され、偏見差別が助長されることを恐れる。事件と無関係に生きる多くの精神障害者の日常にこそマスコミには目を向けてほしい」と訴える。

偏見超えて②　笑顔の居場所

広がる支援者の輪

木曜のお昼時、鹿児島市上荒田町のビル1階に次々と人が集まる。「元気だった?」。笑顔で近況を報告し合う。

「いこいの部屋あらた」。精神障害者らが気軽に集うサロンだ。週2、3日開く。コーヒーを飲む。おしゃべりする。ギターを弾いたり、絵を描いたり。思い思いに日中を過ごす。

その日は週1回のランチの日だった。350円と安い。「おいしいですね」「おいしいでしょ」。また笑顔が広がる。

ボランティアサークル「ゆめの実」(会員約80人)が運営する。市の精神保健福祉ボランティア養成講座の修了生らでつくる。ほとんどの会員は、医療福祉の専門職でも障害者家族でもない、ごく普通の一般市民だ。

講座は1995年度から毎年開かれている。地域で精神障害者を支える市民を増やすことが目的だ。さまざまな精神障害や医療福祉の制度を数日間かけて学ぶ。施設見学や障害者との交流もある。これまで約５６０人が修了した。支援者の輪は確実に広がっている。

会話が弾む「いこいの部屋あらた」＝鹿児島市

鹿児島市による種まきが「ゆめの実」につながり99年、「いこいの部屋」がスタートした。当時は今以上に障害者への偏見が強く、地域に受け皿もなかった。病院や福祉施設系列でもない「地域の居場所」は障害者に喜ばれ、来訪が絶えない。近隣住民とのトラブルは一度もないという。

開設時から携わるゆめの実の前代表、福満順子さん(70)は「自分の目で見て、知り合うことで偏見はなくなる。専門職でなくても、つらいよねって共感するだけで十分」と話す。

「ひげ、そった方がいいんじゃない」「その服、怪しいよ」――。ずけずけ言う「隣のおばちゃん感覚」で接する。サロンに携わるボランティアは10人前後。運営費は市の補助金、会費や寄付金などで賄っている。

精神科病院を数日前に退院し訪れた弘康さん（42）は「（専門職ではない）一般の人と話すことができて、社会とのつながりを感じられる」とほほ笑んだ。

ゆめの実は、障害者や家族でつくる県精神保健福祉会連合会のイベントも手伝う。連合会の山川伯明理事長（78）は「設営や受付、寄付集めと活動は多岐にわたる。非常に大きな存在」と感謝する。２０２０年に県内で開かれる全国障害者スポーツ大会では精神障害者の競技もあり、運営協力にも期待を寄せる。

ゆめの実の追立香代子代表（61）は「彼らと話すと面白くて、こちらが力をもらうことが多い。われわれは代弁者ではなく、社会への発信を後押しする存在になっていきたい」と話した。

偏見超えて ③ 自殺予防教育

手探りの学校現場

児童生徒を対象にした自殺予防教育が学校現場で始まっている。

曽於高校（曽於市）では2017年2月中旬、3年生を対象にあった。「誰にでもピンチは訪れます。1人で悩まずにSOSを出すことが大切。決して恥ずかしいことではありません」。鹿児島大学大学院の金坂弥起准教授（51）＝臨床心理学＝が強調した。

「人間関係と心の健康について」と題した講演。先入観や偏見をなくし公平な人間観を持つことや、自分なりのストレス解消法を見つけることの大切さも語った。

志布志保健所が企画した。この2年で志布志市、曽於市、大崎町の管内3市町のほとんどの中学高校を回った。

3市町では人口に対する自殺者の割合が県平均を上回る。講演は防止対策の一環だ。若いときからうつ病など心の病気を理解し、友人らの精神状態も気遣えるようになってもらうこ

心の健康について話す鹿児島大学大学院の金坂弥起准教授＝曽於市の曽於高校

とを目指す。

16年春、改正自殺対策基本法が施行された。学校に自殺予防教育を行う努力義務を課した。背景には若年層の自殺が減らない現状がある。２０１５年の年齢階級別死因で、鹿児島県の10～19歳、20～29歳は自殺が1位だ。

自死遺族や被災地遺児の心のケアに当たる防衛医科大学校の高橋聡美教授（49）＝精神看護学＝は2月上旬、母校の南さつま市・万世小学校で講演した。5、6年生向けの自殺予防教育だ。

全国の小中高校から依頼が相次いでいるという。「法改正による努力義務化の影響。テーマが難しくて、やり方が分からないという声を学校から聞く」と現場が手探り状態であることを明かす。

文部科学省は公立小中高校を対象に、自殺予防教育の実施状況を尋ねる調査を始めた。夏までに結果を公表、普及啓発に生かす。鹿児島県教育委員会義務教育課は「県内状況は現在分からない。全国調査を踏まえ対応を検討する」と本格的な取り組みはこれからだ。

精神障害への偏見をなくし、自殺を減らすために学校教育が重要という声は根強い。

精神科医らでつくる日本精神神経学会は15年、精神障害に関する内容を学校の学習指導要領で充実させるように文科省に要望した。「正しい知識の普及は、精神障害に対する偏見を軽減し、共生社会の確立に欠かせない」と訴える。ただ17年2月に公表された指導要領の改定案に「精神障害（疾患）」の文言は盛り込まれなかった。

高橋教授は「偏見があれば心のＳＯＳを出しにくく、受診にもつながりにくい。さまざまな疾患を知ることが自殺予防につながる」と要領に盛り込む意義を指摘する。

偏見超えて④　社協の試み

人権守る人材育成

薩摩川内市社会福祉協議会の権利擁護センターは2017年3月上旬、シンポジウムを市内で開いた。タイトルは「今、精神障害者と共に地域で暮らすことを真剣に考える」。16年に続き、精神障害をテーマにした。

当初は違う内容にする予定だった。しかし16年7月、状況が一変した。相模原市の障害者施設で殺傷事件が起きた。容疑者は精神障害があり入院を強制される措置入院歴があると報じられた。

「このままでは精神障害イコール怖い、危険という印象だけが市民に残る。精神障害者がその人らしく地域で生きていくことにマイナスになる」。谷口陽子センター長（58）や川﨑康弘グループ長（41）は危惧した。

「今こそ精神障害に関する正しい情報と知識を市民が得る機会が必要」と再びテーマに据

えた。

16年のシンポジウムは民間や行政の支援者のみが登壇した。今回は医療福祉や就労関係者に加えて、精神障害のある1人も壇上に上がった。

伊佐市の精神科「大口病院」のデイケア・パレットで働く川畑良二さん（41）だ。20代で統合失調症を発症した。パレットに通ううちに病状が回復した。今では病気の体験を生かし、患者を支援するピアサポート専門員という職責を担う。

精神障害をテーマに開かれたシンポジウム（左端が川畑良二さん）＝薩摩川内市

シンポジウムでは「回復の過程、症状は個人差があります。精神障害者も社会の一員。知ることで安心できるはず。これからも地域で生活していきたいです」と笑顔で語り、約300人の来場者から喝采を浴びた。

半数の人が答えたアンケートからは、川畑さんが登壇した効果がうかがえた。登壇者7人のうち、最も興味を抱いた話を選ぶ質問で、川畑さんが1位だったのだ。「精神障害者についての考え方が変わったか」との問いに対し、45％の人が「変わった」と答えた。

精神障害者の地域移行について「積極的に進めるべき」としたのは、実に88％に上った。

センターは成年後見制度の普及啓発を目的に15年に開設された。判断能力が不十分な認知症高齢者や知的・精神障害者らの財産管理、介護福祉サービスの契約を支援する。

3人が専従で働く。現在5人の成年後見人を務め、後見人ができる市民の養成も進める。

成年後見制度の普及と、精神障害者への偏見解消——。互いに別物のようにも思えるが、川﨑さんは「社会的弱者の人権擁護という点で共通する。障害者に優しい人材を地域に増やしていきたい」と強調する。

シンポジウムの来場者は前年から倍増した。障害者への理解は広がっていると確信している。

偏見超えて⑤　模擬裁判

鑑定へ理解深める

精神科医が証人として出廷する模擬裁判が2017年2月下旬、志學館大学（鹿児島市）であった。被告の精神鑑定をした鑑定人役として尋問を受けた。実際の法廷さながらのやりとりに来場者は真剣に聞き入った。

精神鑑定を行う精神科医らでつくる鹿児島司法精神医学研究会と、大学の共同企画。鑑定を扱う模擬裁判は3回目だが、初めて一般公開した。

鑑定人役を務めた研究会発起人の赤崎安昭鹿児島大学教授（55）は「精神鑑定は一般になじみが薄い。『精神障害者が鑑定になれば無罪になる』といった誤解もある。身近な問題として考えてほしかった」と説明する。

09年に裁判員裁判制度が導入された。誰でも裁判員になり、精神鑑定を参考に、有罪か無罪、量刑を判断する可能性がある。

模擬裁判で鑑定人として証言する精神科医の赤崎安昭鹿児島大学教授＝鹿児島市の志學館大

精神鑑定は、検察や裁判所から委嘱された精神科医らが行う。面接や心理テストを通し、容疑者・被告の精神障害の有無や障害と犯行との関係、刑事責任能力を診る。鑑定人は証言のために出廷することもある。そのため裁判員制度では、より分かりやすい鑑定や説明が求められている。

模擬裁判は裁判員裁判形式で、検察官役と弁護人役は学生。裁判員は傍聴席の来場者から無作為に選んだ。事件は社会問題化する介護殺人を絡めた設定にした。

〈80代の男性が認知症の妻の介護に疲れ果て、うつ病を患う。「妻の病気は自分の責任だ」と思い込む妄想が出て心中を図る。自分は死にきれず他人を殺せば死刑になると考え2件目の殺害に至る〉というものだ。

刑法39条は「心神喪失者の行為は罰しない」と規定する。男性は当時、善悪を判断できる状況にあったのか。責任能力が争点となった。赤崎教授は「うつ病という精神障害が本件に強い影響を与え善悪の判断能力が失われていた」と証言した。

だが被告への質問などを経た後の裁判員の判断は、有罪と無罪に割れた。赤崎教授は「裁判を通し精神障害や鑑定への理解が深まったと思う」と手応えを語った。

模擬裁判の数日後。16年7月に相模原市で起きた障害者殺傷事件の容疑者が起訴された。検察の精神鑑定は、事件時に善悪を理解できる状態だったと判断、自分を特別な存在と思い込む精神障害「自己愛性パーソナリティー障害」とした。

しかし赤崎教授は「現時点で精神障害があったと決めつけるのは早計」とくぎを刺す。「鑑定の詳細は明らかになっていない。裁判所が今の鑑定で不十分と判断すれば再鑑定もあり得る」と、冷静に推移を見守る必要性を訴える。

偏見超えて⑥　仲間求めて

離島で初の講演会

日本てんかん協会鹿児島県支部（前原東十代表）の長年の願いが2017年2月下旬にかなった。てんかんの知識を広める講演会を、奄美市で開くことができたのだ。専門医不在で情報が少ない離島で悩む患者、家族の助けになりたい一心だった。

講師は、鹿児島大学病院の花谷亮典てんかんセンター長（52）。患者の多くは薬物治療で発作を抑えられることや、運転免許の取得・更新は条件付きで認められ、患者の人身事故率は決して高くないこと――を話した。

患者や家族の体験発表もあり、約70人が聞き入った。講演後は家族ら4人が花谷センター長の個別相談を受けた。

県支部は1989年の設立だが、一般への啓発活動が活発化したのはこの5年ほどという。

かつて子供のてんかんを隠していた経験を語る前原悦子さん＝奄美市

２０１１年に各種難病患者会でつくる「かごしま難病支援ネットワーク」が発足した。てんかん協会県支部も加わった。他団体と交流するうち、啓発活動の重要性を再認識した。患者の発作による交通死亡事故が取りざたされ、偏見が助長されると危ぶまれた時期でもあった。

県支部主催の講演会は鹿児島市で開くことが多かった。だが近年は薩摩川内市や霧島市、鹿屋市で開いた。市役所や医療福祉施設を回り、協力を呼び掛けた。「まず行政や専門職の人々に理解者を増やしたかった」と県支部の前原悦子事務局長（66）は説明する。

かつて偏見差別を恐れわが子にてんかんの持病があることを隠していた。病気の情報が欲しくて協会会員になったが、「見られたくなくて」支部の会合には5年ほど顔を出さなかった。

「自分自身に偏見があった。子供の病気と向き合えない悪い親だった」。だから1人で悩む家族の気持ちが痛いほど分かる。てんかんに苦しむ障害者や家族に出会うため近年、各地の福祉イベントに出向きチラシ配りをする。

主に会費で賄う県支部の厳しい財政では、離島での講演会は実現できなかった。しかし16年、金融機関の助成対象に選ばれた。不足分は会員有志で出し合い、実現にこぎ着けた。

奄美では、県支部世話人の外原健二さん(55)が「てんかん患者は人口の1%といわれるが、協会会員は少ない(県支部52人)。表に出したくない人もいると思うけど悪いことをしたわけじゃない。ぜひ会員になってほしい」と呼び掛けた。

講演会を機に会員は増えなかった。来場者アンケートで「病気を隠している」と書いた人がいた。前原事務局長は「今回は第一歩。地道に活動を続けていく」と前を向く。

偏見超えて⑦　寄り添うＰＳＷ

地域の橋渡し役に

精神障害者の社会復帰や地域生活を支える専門職が、精神保健福祉士（ＰＳＷ）だ。退院後の住居探しや医療福祉サービスの手続きも手伝う。

姶良市の地域生活支援事業所アシストの内村優介さん（33）は、ＰＳＷ歴11年だ。「電話で同じ人の相談を続けて４時間聞いたことがある。精神的にきついときもあるが、人間関係を築き、本人が前向きに変化したりすると、やりがいを感じる」と話す。

アシストはカラオケやゲーム、卓球ができ、障害者が集う場だ。内村さんら３人のＰＳＷが働く。２０１７年４月16日には８回目のフリーマーケットを開き、地域住民との交流を図った。「触れ合う中で障害への理解が進めばいい」と内村さん。自然体の啓発活動で、障害者と地域の橋渡し役を務める。

アシスト利用者の亀田孝さん（33）は「通うのが楽しくて心の支えになっている」と感謝

する。体調を崩し2月まで入院したが、内村さんらの助言を受け、3月から就労継続支援事業所で働く。

ＰＳＷは１９９７年に国家資格になった。精神障害者の地域移行が叫ばれる中、登録者は年々増加している。17年2月末時点、全国で約7万4千人、鹿児島県では１０６９人だ。活躍の場は医療福祉業界だけでなく、メンタルヘルス対策に取り組む企業や学校へと広がる。

鹿児島国際大学（鹿児島市）は99年、県内で初めて養成課程を開設した。社会福祉士養成の課程に病院や施設実習を含む必要な科目を加えた。開設以来、現役で約２６０人が合格した。アシストの３人も全員卒業生だ。

これから精神保健福祉士として働く鹿児島国際大学の卒業生らを励ます野田隆峰教授（右）＝鹿児島市

3月下旬の卒業式の後、精神科医で福祉社会学部の野田隆峰教授（67）が、国家試験に合格した卒業生らを集めた。「あなたに出会えて良かったと思ってもらえるようなＰＳＷになってほしい」と励ました。

ＰＳＷ1年生は思いを新たにした。前山誠さん（22）は今春から南九州市の社会福祉法人に勤める。「中学時代に精神的な病気を患った。その経験を生かしていきたい」。霧島市の精神科病院に就職する隈元志歩さん（22）は「障害者の人生に寄り添える存在になれたらいい」と語った。

志學館大学（鹿児島市）は16年春、学生の要望を受けＰＳＷ資格取得を目指すコースを設けた。順調にいけば20年に第1号の有資格者が生まれる。

担当の有松しづよ准教授（教育学・福祉学）は「精神障害者の人権が軽視された歴史などを学ぶ講義が以前からあり、資格を取り役立ちたいという学生が多かった。障害者を取り巻く問題を社会に発信できる人材を育てていきたい」と話した。

偏見超えて ⑧ 早期治療の壁

病気の周知課題に

精神科の指宿竹元病院（指宿市）に、50代女性が両親に付き添われてやってきた。数年前のことだ。顔はどす黒く、肝機能の数値は正常値を大幅に上回った。食事をほとんど取らずに酒ばかり飲んでいるという。

診察した竹元隆洋医師（77）は「アルコール依存症が進行している」と直感した。女性は入院していったん良くなった。だが自宅に戻ると飲酒する。入退院を繰り返した末に自ら命を絶った。

病院開設から45年。竹元医師は女性のように重症化してから来院する患者を数え切れないほど診てきた。「もっと早く治療できていたら多くの患者を救えた」との無念は消えない。

アルコール依存症は肝臓など内臓を患うため先に内科を受診する傾向がある。竹元医師が2016年、県内の内科医196人から集めたアンケートで、依存症を治療する精神科との連携不足が浮き彫りになった。16年7月までの1年で依存症が疑われた例が1千件を超えた。うち精神科に紹介したのは1割に満たなかった。

精神科病院で行われた患者と地元住民が参加したフットサル大会。交流する中で障害への理解も自然と深まる＝南九州市のこだま病院

うつ病など他の精神疾患でも、精神科と他の診療科の連携不足が課題になっている。

国は08年、一般医療機関が精神科を紹介した場合に診療報酬を増やす仕組みを導入した。鹿児島県は11～13年度、精神科と他科の連携を確認する会合を各地区で開き、住民に早期受診を呼び掛けるパンフレットも配った。

ただ、連携体制が強化されたとは言いがたい。県障害福祉課によると、11年度以降も県内の連携実績は横ばい状態だ。

一般医療機関に戸惑いもある。「精神科受診を勧めたら『精神障害者扱いされた』と怒って来なくなった」（県北部の内科医）など患者との関係悪化を恐れるためだ。

竹元医師が行った内科医アンケートでも、精神科を紹介しなかった理由で最も多かったのが「患者が精神科受診を嫌がったため」だ。竹元医師は「精神科に対する抵抗感や病気への知識不足が患者にある」とみる。

県内科医会の中村一彦会長（73）は「重症化する前に専門医につなぐことは重要。内科医側も日頃から精神疾患に対する意識を高める必要がある」と話す。

精神科医による早期治療は、早期の回復、社会復帰にもつながる。日本精神科病院協会県支部の横山桂支部長（59）は「精神疾患は誰でもなりうる病気。講演や交流イベント、広報誌などさまざまな形で情報発信を続け、受診しやすい環境をつくっていく」と語った。

第7部 脱病院の国《イタリア》

公立精神科病院をなくしたイタリアには世界から視察が絶えない。精神障害者は地域でどんな生活をしているのか。どんな支えがあるのか。２０１７年３月中旬、改革先進地のトリエステとトレントを訪ねた。（17年5月5日から12日まで）

脱病院の国――イタリア① 公立全廃

障害者が街で共生――寄り添う意識、社会に

精神障害者らが働くカフェに入った。イタリア北東部のトリエステ県・サンジョバンニ地区。コーヒーの香りが漂う明るい店内は客でにぎわっていた。注文してしばらくすると配膳を担当する男性が近づいてきた。「ボナペティート（召し上がれ）」。笑顔でパスタの皿を差し出した。

カフェは社会協同組合が運営する。障害者や移民ら社会的弱者が労働者の3割以上を占める条件で、財政上の優遇措置を受ける。

近くにある別の社会協同組合の作業所では、古い布をリサイクルし小物を作っていた。障害のある女性が黙々とミシンを動かす。ジーンズ生地のリュックサックや花柄のペンケースなど商品が所狭しと並ぶ。

カフェや作業所を含む一帯は、かつて巨大な県立精神科病院だった。作業所が入る建物に

精神科病院の作業療法室だった建物を改装したカフェ。地元住民らでにぎわっていた＝イタリア・トリエステ

記された「M」の文字は「M病棟」だった名残だ。複数の病棟に１２００人もの患者が隔離収容されていたが、１９８０年に閉鎖された。

今では公園や大学などに姿を変えた。カフェは病院の作業療法室を改装したものだ。

県の精神保健行政を担う精神保健局でロベルト・メッツィーナ局長（63）は「この建物も以前は病棟だったんだ」と教えてくれた。

イタリアは日本と同様に精神障害者を精神科病院に隔離収容していた時代があった。しかし70年代、状況は変わる。入院患者が増え続けた日本と対照的に、イタリアは入院患者を地域に移す改革に乗り出す。

精神科病院の大半を占めた公立の精神科病院を次々に閉鎖し99年までに全廃したのだ。

その代わり、外来診療を受けられる公立の精神保健センターを全国につくった。総合病院に精神科救急用のベッドを設置するようにした。

精神病床は、総合病院と公的保険が利かない私立の入院施設のベッドを足しても2015年時点で1万床に届かない。10万床以上あったかつてとは比べようもない。

障害者たちは街で生き生きと働く。社会的弱者を3割以上雇う社会協同組合は全国に3千を超える。

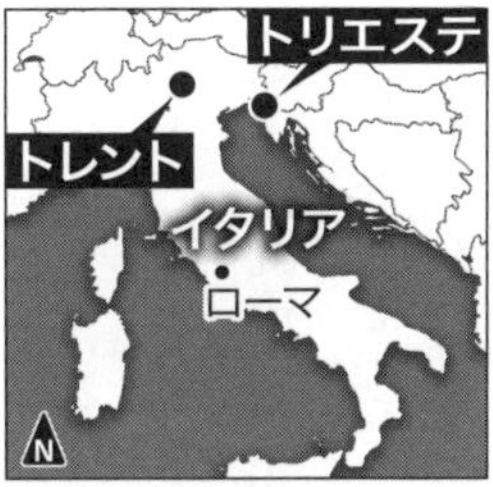

イタリア共和国　人口6,070万人（2016年1月現在）、面積は日本の約80％に当たる約30.1万平方キロメートル。全土に20の州と、107の県がある。主要産業は機械、繊維・衣料、自動車

職種はホテルやレストランのサービス業、農業、ビル管理と多岐にわたる。

改革の発火点となったのがトリエステ県だ。精神保健センターと社会協同組合の前身もいち早くここで生まれた。精神病床は人口23万人でわずか30床。60万人の鹿児島市の約3400床と比べれば驚くほど少ない。

メッツィーナ局長は「患者を退院させ病院をなくしていく中で治安悪化を危ぶむ声もあった。だが今そんなことを言う人はいない。財政的にも入院費より地域で支援するほうが安い」と胸を張る。

1970年代に始まった改革を政治家として後押しした元トリエステ県知事のミケーレ・ザネッティさん（76）は「患者が外に出たことで、地域社会の中に、違いを認め合い、助けが必要な人に寄り添う意識が芽生えた」と強調した。

脱病院の国――イタリア② 患者を地域へ

医師と知事タッグ

トリエステ県の精神保健局の中にモノクロ写真が飾られている。穏やかな笑顔を見せているのは精神科医フランコ・バザーリア（故人）だ。

「自由こそ治療だ」というスローガンの下、脱精神科病院を推し進めた立役者だ。イタリアで1978年に成立した精神科病院の新設と新たな入院を禁じる法律はバザーリア法ともいわれる。

「彼がいなければ患者を地域で支える今のイタリアの精神医療はなかった」。元トリエステ県知事のミケーレ・ザネッティさん（76）は振り返る。

知事に就任した70年当時、県立サンジョバンニ精神科病院を視察した。運営費が県財政を圧迫し改革を迫られていた。

病棟は鉄柵に覆われ劣悪な衛生環境で、患者は十分な治療を受けずに放置されていた。職員による暴力や懲罰的な身体拘束、強制労働が日常的にあることも知った。「この惨状を変えなければ」。財政的な課題に加え患者の人権問題が浮上したわけだ。空席だった院長を公募し、他都市で患者の社会復帰に熱心に取り組んでいたバザーリアに白羽の矢を立てた。

71年に院長に就任したバザーリアは若い医師たちを巻き込み改革に着手した。

患者同士が思いを語り合う集会を頻繁に開き、退院意欲を高めた。次々に退院させ、職員を地域に出し患者を支援させた。住まいがなければ病棟で自由に住まわせた。ランチを食べられる日中の居場所をつくった。全国に広がる公立精神保健センターの原型だ。

強制労働をやめた。患者が賃金を得て働く組織を作り、病院や公園の清掃業務を請け負う。これは今の社会協同組合につながる。

「患者の退院促進には看護師や地域住民から相当な反発があったが、彼はひるまなかった」。ザネッティ

フランコ・バザーリアの写真の前で語り合うミケーレ・ザネッティさん（右）とロベルト・メッツィーナ局長＝イタリア・トリエステ

さんも予算面などで改革を支えた。

バザーリアは、病院に市民ボランティアを入れ患者との交流を促した。敷地内でのコンサートや街でのパレードなど対外的な発信にも努めた。

70年前後、イタリアでは学生運動や労働者運動が活発化していた。脱精神科病院の運動は、医療制度改革を求めるほかの組織とも連動して、政治的なうねりとなり、バザーリア法につながった。法成立から2年後、サンジョバンニ病院が閉じた80年、バザーリアは56歳で病死する。

トリエステ県の精神保健局は世界保健機関（ＷＨＯ）と障害者の地域移行の共同研究を進める。ロベルト・メッツィーナ局長（63）は「隔離、拘束しない『自由こそ治療だ』というバザーリアの理念は世界に確実に広まっている」と語った。

脱病院の国――イタリア③　保健センター

地域で患者支える

1999年までに公立精神科病院を全廃したイタリアで、患者や家族を支える地域の拠点として整備が進められたのが公立精神保健センターだ。

全国に約720カ所ある。人口8万人に1カ所の割合だ。外来診察を受けられ、リハビリプログラムもある。就労や住居などさまざまな相談に対応し、精神科医や看護師が家庭訪問もする。医療福祉サービスを総合的に提供する場だ。

トリエステ市の市街地にあるマッダレーナセンターを午前中に訪れた。日が差し込む明るいロビーには花やカタツムリの絵が飾られていた。談話スペースで男性が雑誌を読んでいる。庭では男性2人がたばこをくゆらせている。のんびりとした時間が流れる。

センターは24時間年中無休だ。精神科医、看護師、心理士ら約30人が勤務している。チームを組み訪問サービスに出掛けるため、センター内に人は多くない。

精神保健センターの利用者に声をかける看護師のイラリアさん（右）＝イタリア・トリエステ

スタッフは全員カジュアルな格好で白衣姿はいない。看護師のイラリアさん（45）は「日常生活に近い雰囲気づくりのため」と説明した。

夜間は看護師2人が常駐し医師は緊急時に電話で呼び出す仕組み。「騒いでいて家族が手をつけられない」。通報があれば、深夜でも医師と看護師が家まで駆けつける。地域のセーフティーネットになっている。

幻覚や妄想が強く出る、気分が激しく高ぶる、激しく落ち込むなど、状態が悪化した場合に泊まれる個室は6部屋ある。

身寄りがない人を数カ月泊める場合もあるが、数日で帰宅させるケースが多い。悪くなればまた受け入れる。あくまで在宅で支えるのが特徴だ。

精神障害の啓発活動をする市民団体のエマニュエラさん（34）は、5年前にうつ病を患いセンターに通った。「医師や看護師は私の話に耳を傾けてくれた。回復の力になった」と感謝する。治療は服薬のほか対話が重視される。患者や家族が現状や困りごとを語り合う集団ミーティングも行う。

自殺願望が強いなど患者の状態によっては、総合病院の精神科救急部門で対応することになる。入院用のベッドがあり最後のとりでと言える。トリエステ県内には1カ所（6床）ある。

センターとは電子カルテで患者情報を共有する。精神科救急部門のアントニオ医師（35）は「症状が落ち着けば退院させる。入院は1週間以内がほとんどで、退院時はセンターに引き継ぐ。切れ目ない支援が重要だ」と強調する。

重症患者であっても地域で生活しながら治療する。日本のように何十年と入院を続ける姿はそこにない。

脱病院の国——イタリア④　多様な住居支援

難民同居タイプも

身寄りのない精神障害者と、住まいに困る難民を同居させる——。ユニークな試みがイタリア北部のトレント市（約12万人）で２０１２年に始まった。難民問題を抱える欧州諸国で注目を集める。

統合失調症のあるマルコさん（34）と、リビアから来た難民のムーティオさん（25）は、マンションに同居して１年がたつ。２人は「兄弟みたいで楽しいよ」と顔を見合わせほほ笑んだ。

ムーティオさんは内戦から逃れ11年にトレントに来た。仕事も住む場所もなく行政の窓口に助けを求めた。そこで精神障害者との同居プランを紹介された。障害者を支える役割を担えば、家賃は無料で月７万円の給与もあると知り申し込んだ。

イタリア語のレベルや人柄をみる面接に合格し、精神障害者との接し方を学ぶ講座や現場研修を計120時間受けた。採用されると、保健局職員が相性を考慮し同居する障害者を決める。同居後は週1回、職員が訪れ近況を確かめる。

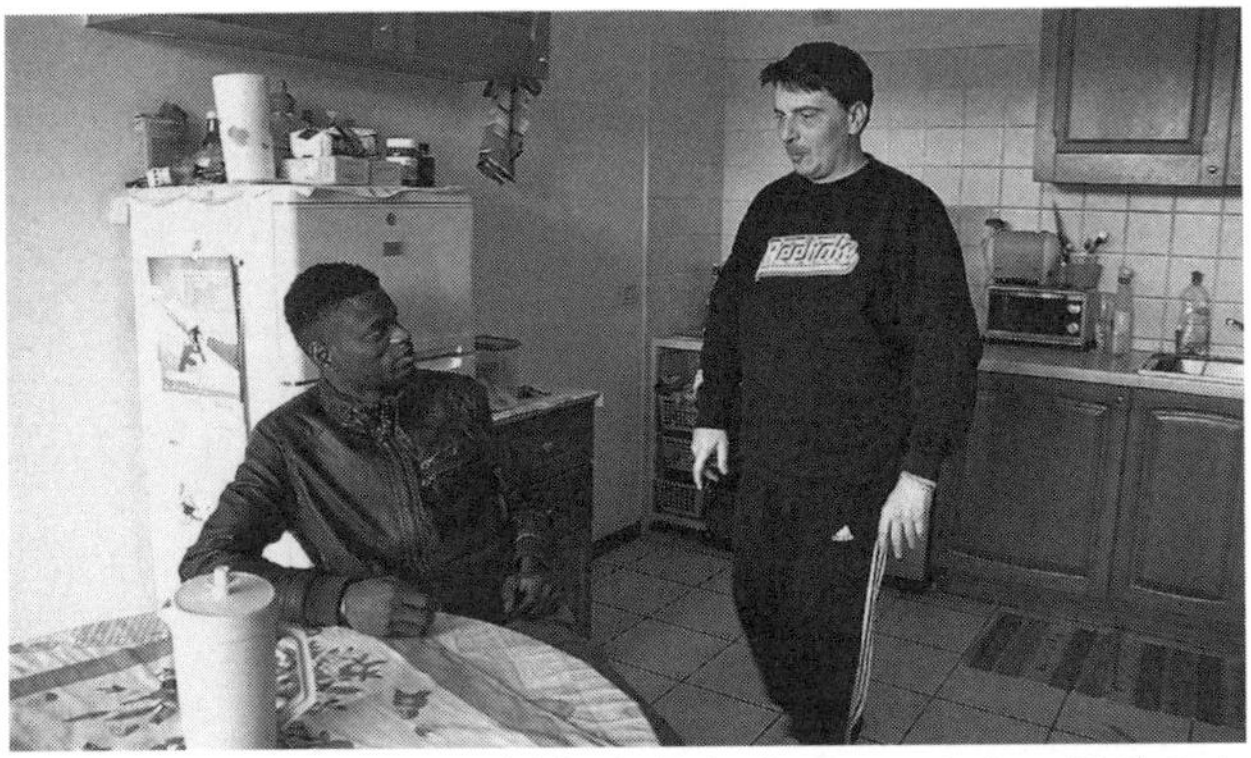
難民のムーティオさん（左）と暮らすマルコさん。兄弟のように仲がいい＝イタリア・トレント

同居当初、マルコさんには強いうつ症状があった。シャワーは週1回しか浴びない。パスタを入れる箱を作る仕事も休みがちだった。ムーティオさんは「最初は戸惑ったが、シャワーのことなど変えた方がいいことは素直に言うようにした」と振り返る。

マルコさんはこれまでグループホームと総合病院の精神科救急を行ったり来たりしていた。しかし同居後は一度も入院していない。シャワーを毎日浴び仕事も休まなくなった。「ムーティオがいるからさびしくない。今度は彼女をつくりたい」と前向きだ。

障害者と難民。トレント市ではそれぞれを担当する行政職員が住居支援に頭を悩ませていた。そこから一石二鳥の同居アイデアが生まれた。

市精神保健局のレンツォ・デ・ステファニ局長

(69)は「難民は厳しい状況を乗り越えてきた。だから障害者の困難にも理解があり、能力を発揮できる。多少のリスクがあってもやる価値はあると考えた」という。結果は吉だった。同居は増え40組を超えた。

トレントの精神障害者に対する公的な住居支援は多様だ。障害者同士がアパートやマンションに同居するタイプが最も多い。難民との同居はそれに次ぐ。そのほか、専門のスタッフが配置されるアパートやグループホームもある。住居ごとにスタッフ数や勤務時間の長さが違う。障害が重ければスタッフの手厚いところに住むことになる。

ステファニ局長は「支え合って暮らすことで自信や責任感が生まれ回復に近づく。どの住み方をするのかは本人の希望を尊重している」と話した。

脱病院の国──イタリア⑤　病気の経験者

夜勤や治療に参画

トレント市の精神保健局は、精神疾患を経験した人と家族を公的な精神保健サービスに携わる専門スタッフとして認定している。ＵＦＥ（ウッフェ）と呼ぶ。市内にあるグループホーム太陽の家では精神障害の重い13人が共同生活を送る。ここでもＵＦＥが活躍している。

夜10時すぎ、統合失調症のあるマルコさん（49）が熱弁を振るい始めた。玄関にある水槽で飼う魚のことを何やら訴えているらしい。興奮していて内容がまとまらない。ＵＦＥのロザーリアさん（55）がそばで見守る。ひとしきり話を聞き、そっと「もう寝ましょうよ」と声を掛けた。間を置きながら同じ言葉を3度繰り返すと、マルコさんは話すのをやめた。

ロザーリアさん自身もうつ病の経験者だ。体調が回復した5年前から週3回、夜勤に入

興奮気味に話すマルコさん（左）をそばで見守るＵＦＥのロザーリアさん＝イタリア・トレント

る。午後8時半から12時間、仮眠を取りながら1人で患者を見守る。精神状態が悪化した患者がいれば、そばにいて落ち着くのを待つ。改善がなければ総合病院に連絡する。「大変な仕事だけど病気を経験した私だからこそできることがある。やりがいは大きい」とほほ笑む。

ＵＦＥは２００３年ごろ家族の発案で始まった。日本で広まりつつあるピアサポーターに似ているが活動は幅広い。

総合病院の精神科救急で状態の悪い人に寄り添う。訪問診療への同行、病気の啓発活動もする。トレント市の登録者は45人。朝8時から夕方6時までのフルタイム勤務で約12万円の給与を得る人もいる。

ＵＦＥが関わる重要な仕事の一つが「治療共有プロセス」だ。精神保健センターで治療を受ける患者と家族、医師と年1回集まる。

今の治療は順調に進んでいるか。症状が悪化したときどんな治療を受けたいか――。記録して全員で共有する。ＵＦＥは治療方針などの決定を見守る保証人となる。

保健局の一室にある円卓の真ん中に、ＵＦＥのラウラさん（38）が色とりどりのあめを並べた。話しやすい雰囲気をつくるためだ。

双極性障害（そううつ病）のある男性（42）と姉、担当医が入ってきた。姉は暗い表情で「弟が部屋からなかなか出てこない」と訴える。弟はうつむいたままだ。

するとラウラさんは「同じような経験をした家族がいるから話してみたら。家族の心が穏やかになることが彼の回復につながる」と返した。

ラウラさんは15人の患者の保証人を務める。「医師も患者も平等な立場で話をすることが大切。患者の気持ちを治療に生かせるよう努力したい」と話した。

脱病院の国――イタリア⑥　啓発

本人語る授業活発

「精神障害者とは何だと思う?」。トレント市の公立高校の教室で、ピエールさん(42)が生徒たちに問いかけた。「変わった行動をする人」「困難を抱えた人」。次々と手が挙がった。精神疾患の経験者が語り、生徒と意見交換する授業だ。

ピエールさんはこんな話をした。「僕はこの学校の出身なんだ。精神を病んで本当に苦しくて地獄を味わった。まるで糸の上を歩いているように不安定だった」。話し終えると、「チャオ(じゃあね)」と手を振り、足早に教室を出て行った。

生徒があっけに取られていると、続いてうつ病を経験したリリさん(61)が語り始める。20年前にアルバニアの戦禍から逃れイタリアに来た。そのときのけがの痛みが原因で発病した。「私は自分がうつと認められず長い間、治療を拒んだ。人生は何が起こるか分からない。誰にだって心の病になる可能性はある」。静かに語った。

真剣な表情で聞いていたパメラさん（17）は「病を経験した人の話を聞けてよかった。精神障害は遠いものでないことが分かった」。

ピエールさん（左端）の体験談を興味深そうに聞く高校生ら＝イタリア・トレント

トレント市の精神保健局は1990年代から学校での啓発活動を始めた。当初は職員が話していたが、約10年前から今のスタイルに変えた。話す内容は本人に任せ、ありのままを見せる。

対象は15歳以上。学校や生徒会の求めに応じて開く。年に50回ほど、約800人の生徒が授業を受ける。

10～20代は、統合失調症や双極性障害（そううつ病）を発症しやすい時期とされる。心理士のパウラさん（35）は「精神障害を知ることで、自分自身や友人の心の状態にも目を向けてもらう狙いがある」と語る。

啓発活動は教育現場以外でも広がっている。「みんなでやろう」をモットーに官民が連携して、精神障害を学ぶ市民向けの講座や、障害者と市民らが交流するスポーツ大会を開く。

２００９年から発行する無料の月刊誌「リベラ・ラ・メンテ（精神を自由に）」もその一つだ。編集会議は月２回、保健局で開く。ジャーナリストが無償で編集長を務め、障害者や家族とテーマを決め執筆を分担する。

総合病院の精神病床に入院中の患者がリハビリの一環で書いた文章を載せたこともある。保健局で精神疾患の経験者として働くフェデリカさん（50）は、就労がテーマの最新号で、やりがいや同僚への感謝をつづった。「書くことが治療に役立つ。病を得た私たちの言葉には社会を変える力がある」と誇らしげだ。

脱病院の国――イタリア⑦　日本への提言

官民連携し改革を

トレント市精神保健局の会議室に午前8時半、続々と人が集まって来た。毎朝開くミーティングだ。保健局の訪問診療チーム、精神保健センターの職員や精神疾患の経験者ら約40人が席に着く。

自宅やグループホームにいる症状の重い患者の情報が、白い壁一面に映し出される。「部屋に閉じこもり暴力的な言葉を叫んでいた」――。24時間以内の出来事が報告される。優先的に取り組むべきことは何か。課題を整理し30分で終了した。

「市内で精神保健に関わる人々が顔をそろえる。地域サービスの隙間を埋める大切な時間だ」。精神保健局のレンツォ・デ・ステファニ局長（69）が説明した。

トレント市は、在宅患者への支援が充実した地域として世界から注目を集める。だがステファニ局長が就任した1999年当時は「精神保健センターへの住民の苦情や不満が多かっ

朝のミーティングに集まる精神保健局のスタッフら。在宅患者の情報などを共有する＝イタリア・トレント

た」という。職員が患者に横柄な態度を取る。土曜午後、日曜が休みで家族らが困ったときに使えない。就労や住居支援も手薄だった。

就任後、保健局の上部組織に予算増額を掛け合った。センターを年中無休にし、就労や住居支援にボランティアを活用した。「軌道に乗るまで約5年かかった。患者や家族の信頼を得ることができた。今では、精神疾患の経験者や家族が患者をサポートする体制も整っている」と自負する。

イタリアで１９７８年に成立した精神科病院の新設と新たな入院を禁止するバザーリア法には、在宅患者をどう支えるか具体的な記述がほとんどない。精神保健への予算配分や活動内容は各州に委ねられ、サービスの充実度も州によってばらつきがある。

ステファニ局長は「いい法律や理念があっても具現化するのは人だ。在宅患者への手助けが不十分だとしたら、情熱を注がない政治家や行政、医師らに責任がある」と断じる。その上で「改革を成功させるには患者と家族、市民を巻き込むことが重要だ」と強調した。

日本には２０１４年時点で33万の精神病床があり、29万人が入院している。１年以上の長期入院患者が６割を占める。患者の地域移行が大きな課題になっている。

トリエステ県精神保健局のロベルト・メッツィーナ局長（63）は「日本は私立の精神科病院が多く病床削減が難しいという。しかし経営的な理由で退院支援がおろそかになるのはおかしい。患者は地域の中で回復する」と訴えた。病院人材を活用し地域サービスを強化する改革を求めた。

障害者生き生き

地域で支えるイタリア

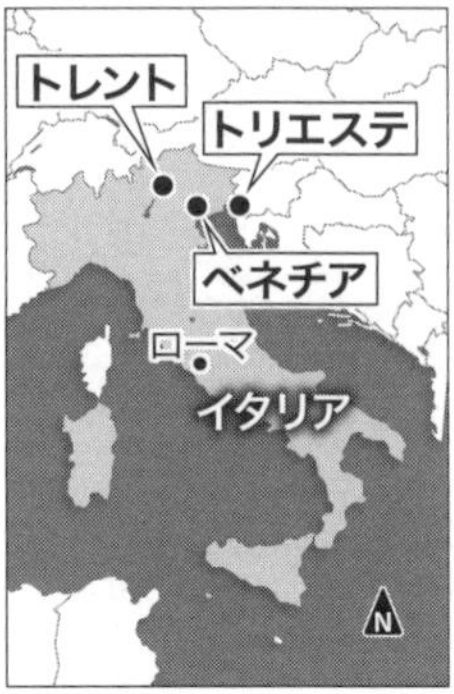

1999年までに公立精神科病院を全廃したイタリアを訪れた。街中やアパート、精神保健センターで出会った精神障害者の表情は一様に明るかった。たとえ心を病んでも、地域の中で回復を目指す。仕事をして趣味を楽しみ、家族や友人と過ごす。ファインダー越しの笑顔から、自由に生きる満足感や希望が伝わった。

歓待　トレント市精神保健センターの受け付けをするうつ病経験のある女性（左）。笑顔で患者を迎える

啓発

トリエステ市で精神障害の啓発活動に取り組む市民団体の当事者メンバーら。毎週ミーティングで集まる

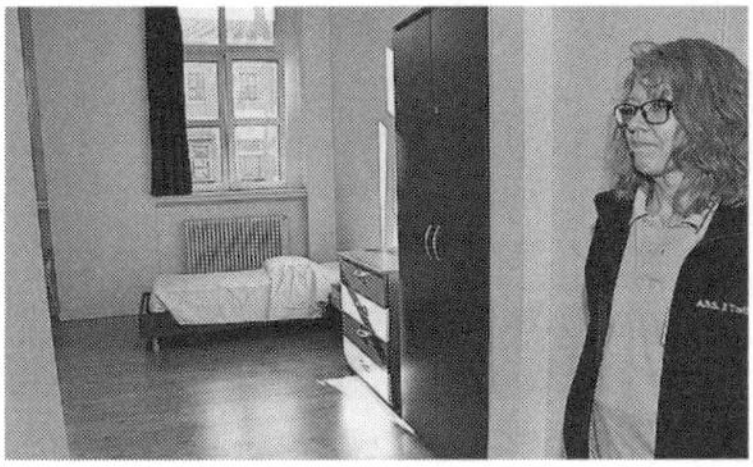

救急

トリエステ市の総合病院内に設置された精神科救急病棟の個室

就労

トレント市の精神保健局内にあるカフェで働く精神障害者ら

休息

トレント市の総合病院の精神科救急病棟。医師（左）と入院患者（右）と、患者を支援する精神疾患の経験者（中央）が話しているうちに、患者はすやすや

仲間　トレント市では精神障害のある人同士の同居が増えている。アルコール依存症の男性（左から２人目）は「お酒を飲むと家に入れてもらえないから我慢しているよ」と笑う

歴史

ベネチア本島から水上バスで約10分の場所にあるサン・セルボロ島は、1978年まで島全体が精神科病院だった。島の一画にある旧病棟（写真下）は現在資料館として公開され、閉鎖前の病院で使っていた手かせや足かせ、拘束着を展示している（同左）

第8部 笑顔の明日へ

笑顔は心の病からの回復サインともいわれる。孤立を超えて、人とつながる中で生まれる。シリーズ最終の第8部は、笑顔の明日を信じて鹿児島で奮闘する人々を追う。（2017年6月8日から16日まで）

笑顔の明日へ①　脱・引きこもり

ネット交流を力に――痛み分かち合い前進

精神障害のある人たちが働く鹿児島市のラグーナ出版で、福田智洋さん（37）は名刺作りに励む。２０１７年1月から週3日の勤務。にこやかに話す姿からは、統合失調症などと診断され長く引きこもっていた影は想像できない。

17年前に体調を崩した。東京大学の3年生だった。講義で座っているのがつらい。周囲に笑われている、居場所がないと感じた。息苦しかった。

アパートに引きこもる。誰かに監視されているように思え、カーテンを閉めた。光が入らないようにガラス窓にアルミホイルを張った。

帰郷して療養し26歳で卒業、就職にこぎ着けた。だが心のバランスを崩す。通勤中に涙が止まらない。勤務中にトイレから出られない。半年で出社できなくなった。

学校や職場など特定の環境で不安やゆううつな気分が高まる適応障害や、人前で恐怖感が

職場で同僚と笑い合う福田智洋さん（中央）。人とのつながりが回復の力になる＝鹿児島市のラグーナ出版

増す社会不安障害、統合失調症と診断された。引きこもりは7年余りに及んだ。

光が差したのは3年前だ。担当医が変わり、それまで以上に時間をかけて話を聞いてもらえた。「幻聴などの症状を詳しく伝えることができた」。統合失調症と双極性障害（そううつ病）の症状が出る統合失調感情障害と診断された。新しい薬が合ったのか気持ちに余裕が生まれ、「病気と向き合えるようになった」という。

インターネットの短文投稿サイト・ツイッターで、病名を検索してみた。同じように苦しむ人たちがいた。勇気を振り絞りつぶやいた。名前も分からない人と少しずつつながっていった。

「死にたい」「つらいよね。分かるよ」

「元気な時ほど、その後ぐっと落ちていくのが怖い」「そうだよね」

自分を理解してくれる人がネットの先にいた。「苦しんでいるのは自分だけじゃない。生きていていいんだ」と思えた。病を相談できるネット仲間が10人ほどに増えた。するると外に出て人と話したくなった。傾聴ボランティアを利用した。「悩みや苦しみを1時間じっくり聞いてもらい気持ちが軽くなった」という。その後、自らも傾聴ボランティアを務めた。

今では精神障害者の集まりに積極参加する。福祉関係のイベントで数百人の聴衆を前に引きこもり体験を発表した。

ネット空間の仲間が明日への道を開いてくれた。そして自らもブログを立ち上げ、体験をつづる。「絶望しかなく、一歩踏み出すのが怖かった。でも今は精神障害や引きこもりで苦しむ人の心を少しでも軽くしたい」と前を向く。

大学院へ進みＩＴ企業で活躍する――。ぼんやり描いていた未来とは異なるが、充実した日々を送る。「働く場所があって話をできる仲間がいる。それが一番幸せ」とほほ笑んだ。

笑顔の明日へ ② 生きがい

仲間の居場所守る

事務室には5人の遺影を掲げてあった。就労継続支援事業所ブルー・スカイを運営する鹿児島市のNPO法人。かつて事業所を利用した男性たちだ。アルコール依存症の闘病中に他界した。榮時弘理事長（61）は、仲間を救えなかった無念を日々かみしめている。

過剰な飲酒は心身をむしばんでいく。肝臓を病んだ30代は吐血して死んだ。酒を断てない40代は自宅のこたつで冷たくなっていた。遺書を書かず命を絶った人もいる。

「依存症患者の居場所をつくりたい」。榮さんは2012年、事業所を立ち上げた。名称には「社会の底辺にいる人たちが青空の下へ出ていけるように」との願いを込めた。利用登録者は30人を超える。ギャンブルや薬物の依存症患者もいる。

家族と縁が切れて流れ着いた孤独な人が多い。アパートを借りる際、榮さんが保証人になることもある。精神的に不安定な人がいたら自宅へ行って相談に乗る。「みんなと一緒にいることが生きがい。中途半端な支援はできない」という。

事業所の仕事は主に野菜の袋詰めだ。大量のニンジン、ピーマン、タマネギが段ボールで運び込まれる。「今日は市場の休み前だから量が多い。頑張ろう」。榮さんが声をかける。十数人が黙々と袋に詰めていく。

自らもアルコール依存症と闘う。中学時代に酒を覚えた。大学進学で上京後、歓楽街でアルバイトし本格的にはまった。就職しても家族ができても酒浸り。仕事も家族も失った。事件を起こし2度服役した。精神科病院の入退院も繰り返した。

依存症患者の社会復帰を支援する榮時弘さん（中央）＝鹿児島市（木下瑛司撮影）

転機は7年前。断酒グループに入った。「飲みたくないか、大丈夫か」「ちゃんとメシ食っているか」。親身になってくれる仲間がいた。

心を開いて過去を正直に語るこ

とができた。そして周囲に迷惑をかけ続けた自分に気付かされた。「このままではいけない。社会に償いたい」と思えるようになった。

依存症患者が酒を断つのが容易でないことは痛いほど分かる。だから県内各地の断酒グループに毎日顔を出す。事業所の仲間とも励まし合う。

ただ現実は厳しい。酒に手を出し再入院する人は少なくない。酒絡みで法を犯し服役する人もいる。だが、退院・出所すればまた手を差し伸べる。「回復するには仲間が欠かせない。自分も断酒グループで仲間に支えてもらったからこそ今がある」と自らの経験で思うからだ。

この春から通信教育で精神保健福祉士の資格を目指している。仲間たちの支援に役立てるためだ。ＮＰＯ法人でためてきたお金で墓地を購入した。身寄りのない仲間を思ってのことだ。

笑顔の明日へ ③　仕事復帰

後押し受けて決断

鹿児島市の天辰かおりさん（29）は2017年3月、子ども向けのそろばん指導を自宅で再開した。双極性障害（そううつ病）で16年10月から1カ月半入院した。そのため、そろばんを教えていた薩摩川内市の塾を退職していた。

療養中の天辰さんに自宅指導を勧めてくれたのは、同市の大宅己央さん（41）だった。入院前に教えていた子どもの母親だ。「体調が許すなら週1日でもお願いできないか」と持ちかけた。

大宅さんは「子どもが天辰さんを慕っていた。一生懸命な指導ぶりも好きだった。病気のことは知っていたので社会復帰を応援できたらと思った」と話す。

「ちゃんと教えられるだろうか」。天辰さんには不安もあった。だが子どもたちに接すると心穏やかになる。自分に合った好きな仕事だ。うつやそう状態になることもない。思い切っ

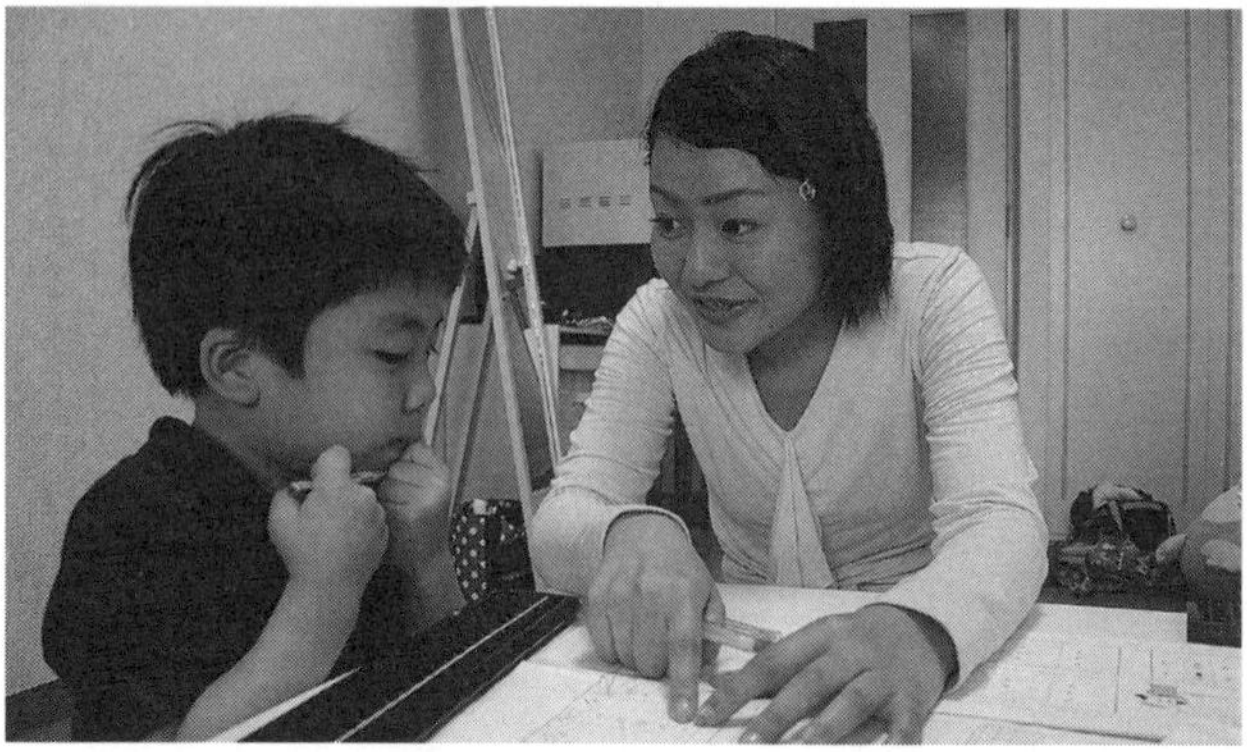

自宅でそろばん指導する天辰かおりさん＝鹿児島市

て引き受けた。現在は大宅さんの長男を含む5歳児2人を指導する。

始良市のそろばん塾でも指導を始めた。採用面接の際は病気のことを打ち明けた。塾側は「順風満帆な人より挫折を経験している人の方がいい指導をできる」と迎え入れてくれた。指導力が買われて系列の塾でも算数などを教える。

発病は22歳。闘病しながら23歳で看護師資格を取った。病院に2年勤めたが、「うつ状態になり白衣に着替えられなくなった」という。入退院を繰り返した。診察した精神科医や心配する親に暴言を吐いた。宝石を衝動買いすることもあった。

不安定な状態が、自宅指導を始めてから変わった。「仕事が楽しくて、よく食べてよく眠れている」と柔らかい笑みを見せる。周囲の理解と支えを得ながら、確実に回復の道を進んでいる。

生活環境の変化も良かった。16年11月に退院後、実家に帰らず鹿児島市で一人暮らしを始めた。「衝突することが多かった両親と距離を取ったことで感謝の気持ちが芽生えた。親への甘えや責任転嫁する部分があったのかも」という。今は3日に1回程度電話で話す。隔週で通院する。障害年金を受給し、障害者の相談支援事業所も利用する。頑張って仕事をしすぎると再発・悪化もあり得る。服薬を欠かさず規則正しい生活を送ることを心掛ける。

仕事も暮らしも落ち着きつつある今、新たな夢を抱いている。精神障害のことを子どもたちに教える啓発活動だ。

「障害があっても明るく前向きな人もいると伝えたい。障害や病気を隠さず気軽に話せる社会になればいい」。その日を楽しみに一歩ずつ歩いている。

笑顔の明日へ ④　職場は元入院先

慕われ患者の目標

気付いたらパトカーの後部座席で警察官に挟まれていた。２００５年12月。伊佐市の川畑良二さん（41）は精神科・大口病院へ連れて行かれた。強制的に保護される医療保護入院だった。

統合失調症の幻覚や妄想が出て自宅の庭で暴れたためだ。薬を服用する必要があるのに怠ったのがいけなかった。

強制的な入院は初めてではなかった。布団とトイレがあるだけの保護室に隔離された。発症は25歳。入院は5年で4回に及ぶ。「自分は価値のない存在としか思えなかった」と振り返る。

翌年の退院から8年後、川畑さんはかつて入院した大口病院の精神科デイケア「パレット」で働くようになった。精神疾患の経験を生かして利用者を支えるピアサポーターだ。

「社会復帰を目指す人の模範になる」と期待された。

退院時、主治医から勧められたパレットへの通所が自信を取り戻すきっかけになった。ゲームや軽作業を通して生活機能の回復を図った。「同じ病を抱える利用者と交流し社会に戻れた気がした」と心境の変化を語る。以来、再入院はない。

近くの就労移行支援事業所にも通い、症状は和らいでいった。パレットでは誰にでも穏やかに接し相談に乗ることもあった。そんな姿がピアサポーターに向いていると認められた。

パレットで出会った仲間らとバンド練習に励む川畑良二さん。右は神領浩平さん＝伊佐市の大口病院デイケア「パレット」（税所陸郎撮影）

月15日勤務する今、「利用者の話をしっかり聞くことを心がけている」という。病気にもがいていた時、スタッフに悩みを聞いてもらえたことがうれしかったからだ。

「調子が悪くなるときの兆候は?」などテーマを決めて利用者同士が話し合うプログラムでは、進行役を務める。自らの体験や感想を交えながら議論を膨らませる。

パレットの佐抜洋平室長（35）は「調子の悪そうな人に寄り添って声をかけるなど気配りが行き届く。川畑さんが目標という人は多い」と評価する。その1人の神領浩平さん（45）は「自分も包容力のあるピアサポーターになりたい」と川畑さんの背中を見つめる。

川畑さんの心を支える一つにロックバンド活動がある。佐抜さんや神領さんらパレットの仲間らと結成した。川畑さんはギター・ベース担当だ。市内外のイベントで演奏し、仲間と音をつむぎ合う喜びを感じている。

病院で17年5月下旬、催しがあった。デイケア利用者や職員の前で、人気バンド・ウルフルズの「ええねん」を披露した。

〈笑いとばせばええねん〉〈もう一回やったらええねん〉

全てを肯定する歌詞が好きでよく演奏する。自然と頬が緩む。「自分もありのままでいい」。そう思える。

笑顔の明日へ⑤　触れ合い

障害者観変わった

枕崎市の上窪彰さん（31）は2013年、ハローワークでショックを受けた。職探しの際うつ病の病歴を明かすと、「障害者雇用の道もある」と紹介されたのだ。「自分が精神障害者だとだめ押しされた気がして、働くことができなかった」という。

東京のIT企業に勤めて3年目に体調を崩した。「高圧的な上司に代わり呼ばれる度にドキッとした」。責任の重い仕事が回ってきた。残業が急増した。日付をまたぐこともしばしば。深酒しないと眠れなくなった。睡眠不足で出社すると動悸《どうき》が止まらない。程なく帰郷した。

15年にようやく働く気力を取り戻した。就労継続支援B型事業所に通う。南九州市の精神科こだま病院系列で、利用者は精神障害のある人が多い。「意思疎通できるか不安だった。でも草払い作業などを通して触れ合う中で抵抗感が和らいでいった」と振り返る。

フットサルでゴールを決め喜ぶ上窪彰さん（右）＝南九州市のこだま病院

集中して仕事に打ち込む人や、礼儀正しい人もいる。「精神障害者」とひとくくりにできないと思った。

今、夢中になっているのがフットサルだ。事業所に近い病院の敷地に人工芝のコートがある。外来の作業療法として利用する。プレーする人たちの楽しそうな声に誘われ参加してのめり込んだ。

汗だくになりながらボールを追う。誰にどんな障害があるのかは知らない。みんな再発や悪化の不安を持つはずだが、そうは見えない。プライベートな話をできる仲間もできた。

みんな一生懸命生きていると感じた。「障害者と自分は違うと思っていた気持ちが変わった。障害があってもなくても同じ人間と思えるようになった」。各種サービスが受けられる精神障害者保健福祉手帳を取得した。

チームメートと16年12月、福岡市であった精神障害者の大会に出場した。4戦全敗。「悔しかったが、試合前夜にみんなで食べた博多ラーメンがおいしかった」と笑う。チームの団結が深まった。勝ちたい気持ちが高まり練習に真剣味が増した。そして17年4月、地元のクラブに初めて勝ち、抱き合って喜んだ。「自分たちもやればできる」。自信がついた。

病気の再発を防ぐためにもフットサルを続けたいという。16年秋から仕事も、農作業中心の就労継続支援A型事業所に変わった。体力もついてきた。太陽の下で週5日働き腕は日焼けで真っ黒だ。収入も増えた。

いずれ一般就労に復帰するつもりだ。「IT関係や肉体労働、障害者を支える仕事でもいい」。精神障害を経験し、仲間と交流したことが、これからの選択肢を広げてくれた。

笑顔の明日へ ⑥ 家族会

助け合い孤立脱却

東串良町の就労継続支援事業所ルピナスは、精神障害者の家族会が1998年に設立したプレハブ作業所が原点だ。「精神障害者が働ける場所を近くにつくろう」と8家族が奔走した。

2007年には社会福祉法人を立ち上げ、木造の施設に変えた。08年には障害者向けのグループホームも造った。

家族会結成を呼びかけたのが、会長の小蓬原《こふつはら》千津留《ちづる》さん(65)だ。統合失調症を抱える兄妹と同居していた。理解不能な言動を繰り返す妹、人に会うのを恐れて引きこもる兄。2人の世話に心身とも疲弊していた。

そんな時に出合ったのが、大隅地区の家族が集まる「きもつき会」だ。同じ悩みを持つ仲間と話し、「病気への理解が進んだことで心が軽くなった」という。鹿屋市に精神障害者が働ける作業所も持っていた。

だが東串良町からはバスで片道1時間。通うには遠すぎた。小蓬原さんはきもつき会に加入している町内の家族に作業所づくりを呼びかけた。障害者の居場所確保に困っていた家族を、一つにまとめた。家族会ルピナス会の誕生だ。

兄・米澤正一さん（右）、妹・ひとみさん（左）と梅を仕分けする小蓬原千津留さん＝東串良町のルピナス（橋口実昭撮影）

　チャリティーコンサートやカンパで開設資金を集めた。町などの協力もあって、空き缶リサイクルの作業所開設にこぎ着けた。「地域の支援で実現できた。人の温かさを実感した」と感謝する。

　作業所で働き始めた兄妹は明るく変化した。仲間と打ち解けていく中で症状も落ち着いていった。「こんな幸せな日が訪れるなんて思いもしなかった」と振り返る。

　作業所の活動は口コミで広がる。障害者の家族が次々に見学に訪れる。今では会員も73家族に増えた。毎年、1泊旅行やクリスマス会などで絆を深めている。

小さな家族会から始まり事業を拡大してきた。事業所整備などに多額の費用を要したが、「障害者の地域移行が叫ばれる中、公的支援を受けやすかった」という。

事業所を利用する障害者は現在60人。梅干しや玄米もち、農産物を生産販売し地域に溶け込む。チャリティーコンサートは毎年恒例になった。

今後は精神障害者に対応する介護事業の展開も検討している。障害者の親の高齢化に直面するからだ。「自分たち親が死んだ後、子どもは心配なく暮らしていけるのか」という切実な声が増えているのだ。

「会の活動に関係するみんなが家族。孤立して苦しんでいる人の力になりたい」。小蓬原さんは活動の広がりと充実に情熱を注ぐ。兄妹、そして自分を苦しみから救ってくれたのは、仲間や家族、地域だと思っているからだ。

笑顔の明日へ⑦　当事者グループ

共生社会、自ら動く

若い精神障害者らが集うグループが鹿児島市にある。当事者リカバリーネット。病気への理解を深めようと地域社会へ踏み出し、共生を目指して活動する。

「無理せず緩やかなつながりを大切にしたい」と会費や名簿はない。活動の案内はホームページに載り、都合に合わせて集まる仕組みだ。

２０１５年の発足で参加経験者は約30人。20～40代が中心だ。統合失調症や双極性障害(そううつ病)、発達障害、高次脳機能障害を抱える。

月１回程度の活動はボランティアと学習会。小児病棟での学習支援や、難病患者のための募金活動、駅や川のごみ拾いもする。学習会は市の精神保健福祉交流センターである。悩みを語り合い、互いの病気を学ぶ。

精神保健福祉士で、てんかんがある畔津大輔さん（31）が立ち上げた。

雑草取りのボランティアに汗を流す畔津大輔さん（左）と西郷佳奈さん＝鹿児島市喜入中名町

大学4年時の就職活動で病気を告げたら、ことごとく20社も落ちた。隠して就職したものの数年後、仕事中に意識を失う発作が出て退職を余儀なくされた。

「社会に障害者の居場所はないと悩み苦しんだ。自分の経験は障害者支援に生かせるのではないか」と福祉の道へ進んだ。グループ発足1年前の14年、鹿児島市の就労継続支援事業所を運営する法人に就職して学んだ。障害者をサポートしながら障害者の奮闘に励まされた。

日本てんかん協会県支部に加入し、講演会で体験を話す機会が増えた。すると参加者から「勇気づけられた」「苦しみが分かった」と反響が続いた。病気への理解を求めて障害者自ら行動することの重要性を痛感した。活動の原点となった。

グループに参加して、病気の苦しみから抜け出した人もいる。鹿児島市の西郷佳奈さん（21）。てんかんなどの障害がある。17年5月下旬、市郊外の田んぼにいた。青空の下、長靴姿で雑草取りのボランティアに汗を流した。

仲間と語り合いながら過ごす時間の大切さが笑顔に表れていた。「いろんな人と話せて心が救われた。太陽の日差しを浴びて農業をするなんて、出会いがなければ考えられなかった」という。

グループのホームページには、草花の芽の写真が載っている。「今は小さな活動でも、続けていけばいつか花を咲かせられる」。畔津さんはそう信じている。

障害の有無によって分け隔てられることなく、互いにその人らしさを認め合う共生社会に、今の活動が根づく未来を夢見ている。

アンケート編

●南日本新聞アンケート

「偏見感じる」50％——鹿児島県内の精神障害者・家族

南日本新聞は、鹿児島県内の精神障害者と家族らでつくる県精神保健福祉会連合会（かせいれん）の会員を対象にアンケートを実施した。「精神障害への偏見・差別を感じる」との回答が本人・家族で50％に上った。精神科を受診する人が年々増える中、精神障害への社会の理解が十分ではない実態が浮かび上がる結果となった。

家族88％が「将来不安」

アンケートは2016年8月上旬、かせいれんに加盟する県内の地域家族会を通じ、精神障害者本人と家族各470人に送付。9月14日までに本人148人、家族143人から回答を得た。回答率は31％だった。

本人の病名（複数回答）は統合失調症が111人で最も多い。うつ病などの気分障害（17人）、不安障害（9人）が続いた。てんかん、アルコールなどの依存症、発達障害（アスペルガー症候群など）もあった。

「偏見・差別を感じる」とした割合は、本人が41％、家族60％だった。家族は本人と比べ、地域社会と接する機会が多いことが要因とみられる。

年齢層をみると、本人は40～50代（81人）、家族は70代以上（74人）に集中。障害のある中高年の子供を高齢の親が支えている状況がうかがえた。

本人が家族と同居しているのは60％に上り、30％は「グループホームやアパートで一人暮らしをしている」と答えた。

親の高齢化が進む中、将来への不安が「ある」「ややある」と答えた人は77％（本人67％、家族88％）に上った。

　本人が現在受けている医療、福祉サービスについて、「満足」「ある程度満足」とした割合はいずれも81％だった。

　一方で、家族への支援については、「不十分」「やや不十分」と答えたのが49％。「十分」「おおむね十分」の34％を上回った。

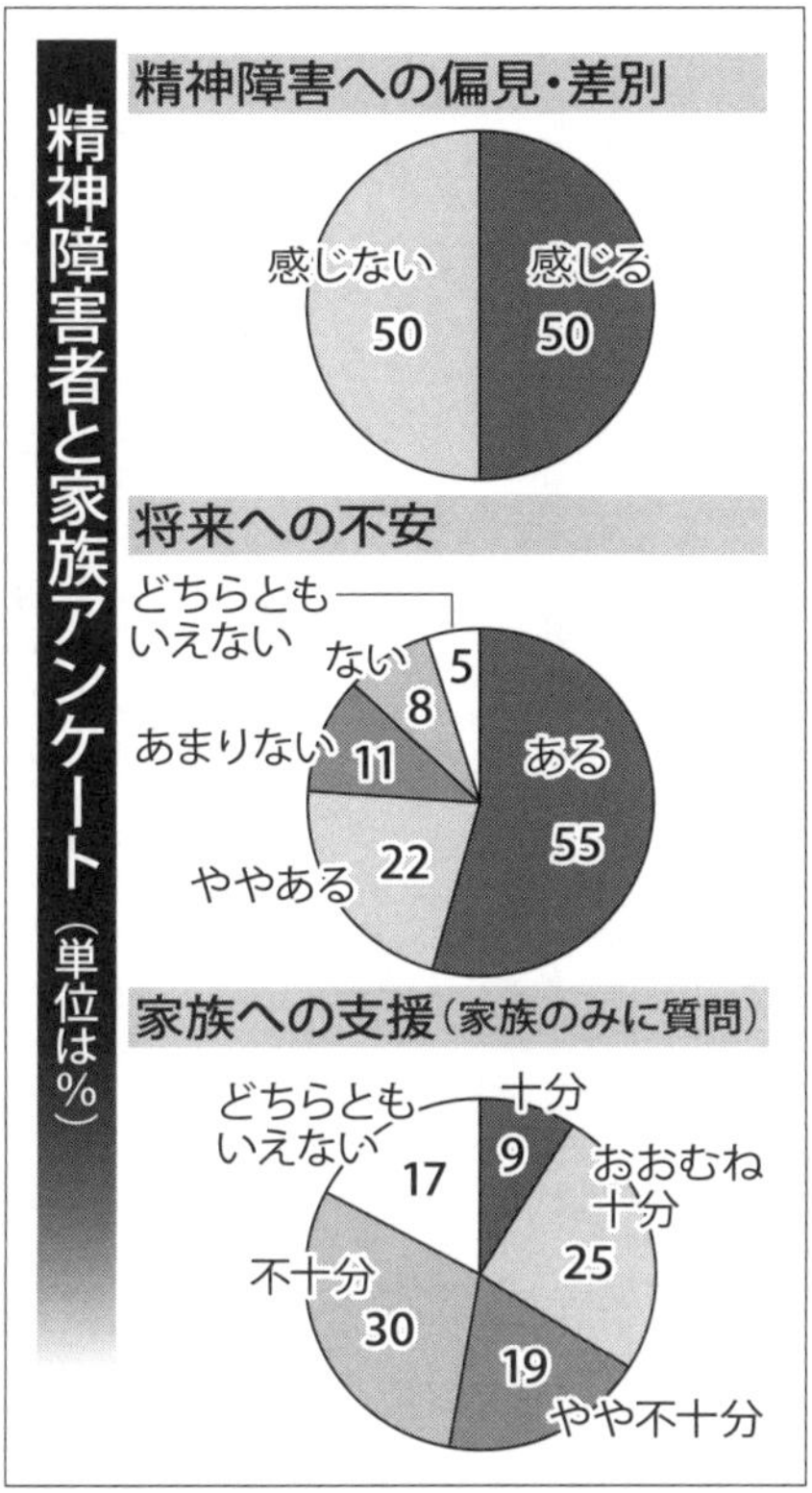

　２００６年に障害者自立支援法（現障害者総合支援法）が施行されて10年。精神障害者が利用できるサービスが広がる半面、家族の負担感は依然として解消されていないようだ。
　悩みや困りごとを相談する相手がいる人は本人で87％、家族89％だった。本人の相談相手は親、家族は家族会メンバーが最も多かった。

●鹿児島県内の精神障害者・家族アンケート

地域生活で生きづらさ――高齢家族に重い負担

鹿児島県内の精神障害者・家族に対する南日本新聞のアンケートで、多くの障害者・家族が精神障害に対する偏見や差別に苦しみ、地域生活で生きづらさを感じている実態が浮き彫りになった。障害者を支える高齢の家族に、負担が重くのしかかっている状況も深刻で、家族への支援強化が求められている。

偏見・差別

アンケートでは障害者の4割、家族6割が「精神障害に対する偏見や差別を感じる」と答えた。

具体的には「障害のある子供の結婚を相手方の親に反対された」（60代家族）「親族から地元に帰ることを拒否された」（70代以上家族）という回答があった。

そのほか、身体・知的障害者にはJRや航空機運賃割引があるのに精神障害者にはないことや、身体・知的障害者と比べ雇用機会が少ないことを挙げる意見もあった。

偏見・差別をなくすためには「精神障害について教育現場で取り上げるべき」（50代家族）という意見が目立った。

「事件の加害者としての悪いイメージもあるので、ふだんの精神障害者の暮らしや人間像を知ってもらうことが大切」（50代家族）として、行政やマスコミによる啓発活動への期待も挙がった。

一方で「家族が病気のある本人を堂々と世間に知らしめていない」（60代親）と家族の〝内なる偏見〟を指摘する声もあった。

生活不安

回答した家族の半数は70歳以上で、家族も障害者も将来への不安を募らせている。「今暮らせているのは親のおかげ。もし何かあったら生きていける自信がない」とは20代統合失調症患者。

70代親は「（子どもの）病状変化の対応に加え、経済的な負担も大きい。解決策を見いだせないまま年を取っていく」と打ち明けた。

「子どもから先に亡くなってほしい」（60代親）と思い詰めた様子もうかがえる。

当事者や家族の思いがびっしりと書かれたアンケート

地域格差

鹿児島市外に住む家族は、地域に医療・福祉サービスが不足している現状を訴えた。

統合失調症の妻と奄美地区に住む男性は「島に精神科病院や働ける作業所がない。入院するときは隣の島の病院になるので面会に行きにくい」と、通院や面会時の交通費の補助を求めた。

70代の親族は「鹿児島市に比べ医療が全体的に遅れている」と指摘。偏見・差別についても「都市部より地方に根強くある」と答えた。

医療福祉

医療・福祉に対する満足度は高かった。ただ医療従事者に対しての不満や、退院後の受け皿不足を嘆く声もあった。

70代親は「3分診療ではなく医師はもう少し話を聞く時間をとって」。別の親は「退院を勧められているが（入れる）施設がない」と回答した。

調査に協力した鹿児島県精神保健福祉会連合会の山川伯明理事長（77）は「家族会は会員の高齢化が進んでいる。役員のなり手不足で運営も苦しい。家族会が機能しなくなれば地域での孤立化が進む。今まで以上に行政の支援が必要」と話した。

識者談話

鹿児島大学医学部保健学科　簗瀬誠教授

社会からの孤立防げ――公的支援の拡充急務

家族会に入っていて偏見・差別を感じる人が5割もいるというのは、精神障害を取り巻く現状が表れており、重く受け止める必要がある。

昭和30～40年代、精神障害者の病院への「収容」が進められ、それまで身近にいた当事者の姿が見えにくくなった。障害が外から分かりくいことも、差別を助長した。

地域社会に限らず、偏見は当事者や家族の中にもある。解消には家族・当事者の自助グループ活動に対する公的支援が重要になる。地域の保健所の関わりが以前より薄くなっており、家族には取り残された感があると思う。

「家族への公的支援の充実が必要」と話す簗瀬誠教授＝鹿児島市の鹿児島大学

親亡き後への不安も深刻だ。統合失調症の場合は発病後、入院や自宅での療養を長時間続けるため、自立して生活する能力を身につけるのが難しい。障害の特性上、順序立てて物事に取り組んだり、対人関係を築いたりするのも困難。障害を補う人的サービスの検討や、ついのすみかの準備が必要になる。

医療・福祉への満足度が高いのは、回答者に高齢の家族が多いことが要因だろう。1995年、精神障害者の自立と社会参加促進を明記した精神保健福祉法が制定された。それ以前の生活の場は、病院か自宅の二者択一で、当事者・家族とも今より厳しい環境にあった。調査の満足度は「昔と比べたらいい」という意味で、今が最良の状況とはいえないのではないか。

家族会の会員はほんの一部。多くの当事者や家族は大きな不安を抱え、地域社会から孤立している。誰でも参加できる講演会などを開くなど、手を差し伸べ続ける努力をしたい。

●南日本新聞・鹿児島県内の精神科アンケート

50年以上の入院33人――最長61年6カ月

鹿児島県内の精神科病院に、50年以上入院している患者が2016年10月1日現在、少なくとも33人いることが分かった。最も長期は61年6カ月だった。国や県の例年の調査は「20年以上」までが対象で、より長期に及ぶ入院データは珍しい。南日本新聞が病院の現状をアンケート調査した。

地域の受け皿不足露呈

県内51の精神科病院に10月上旬に郵送し、11月上旬までに32病院から回答を得た。回答率は63％だった。50年以上の入院患者がいるのは14病院に上り、最も多い病院は8人だった。

10年以上の入院患者は計1109人。うち地域の受け皿があれば退院できる、いわゆる「社会的入院」が266人、24％に上った。

中には、10年以上の入院患者28人中27人、96％が社会的入院と答えた病院もあった。

グループホームや在宅患者を支える医療・福祉サービスなど、地域の受け皿不足で入院が長期化する現状が浮き彫りになった格好だ。

長期入院解消に向けた取り組み（自由回答）では、開放病棟の拡大や精神障害の経験がある職員「ピアサポーター」の採用、地域の福祉施設との連携強化などが挙がった。

また、医師や看護師ら医療スタッフの業務負担について10年前と比べて、「増えている」という回答が91％に上った。

理由（複数回答）は、「患者の高齢化」が最も多く

93%。「疾患の複雑・多様化」が66%、「以前より人権に配慮する必要がある」が38%で続いた。

入院患者の中で、統合失調症が半数以上を占める病院は58%。最も増えている疾患については、72%の病院が認知症と答えた。16%が、うつ病などの気分障害

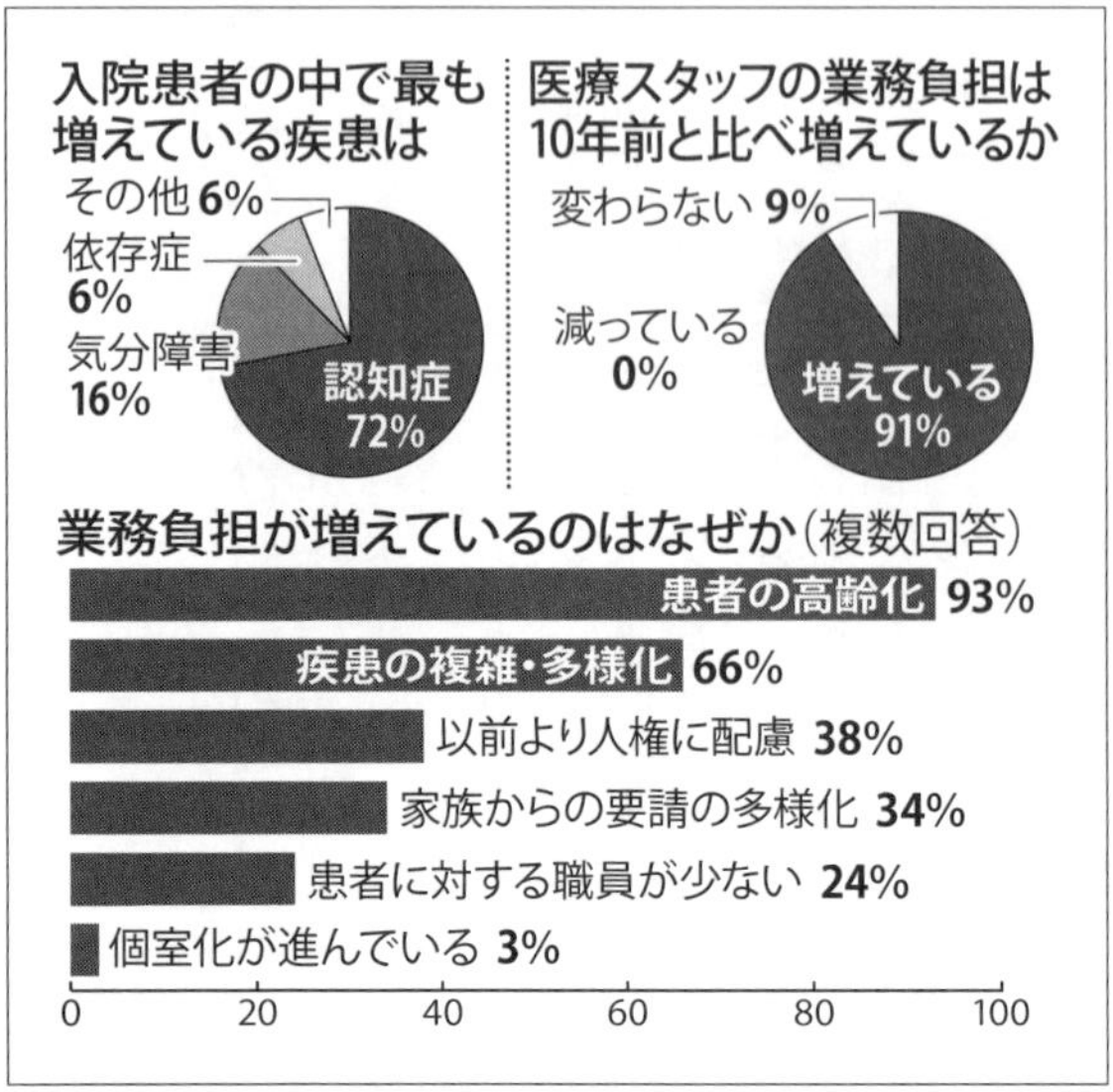

だった。

スタッフの負担感が増す中、医師や看護師が一般病院より少なく定められている人員配置基準について、「変えるべき」と答えたのは34%にとどまった。背景には、医師や看護師の確保が難しい状況があるとみられる。

国の施策や法律で改めたり、新たに必要なものについて（自由回答）は、病床削減や患者の退院（地域移行）を促すための診療報酬改定などが挙がった。

精神障害・精神科病院について、地域の理解を深めるために取り組んでいることがあるかとの問いに、「はい」と答えたのは87%だった。具体的には、一般に開放する夏祭り等のイベントや講演会の開催や、地域行事への積極的な参加といった回答が目立った。

●鹿児島県内企業アンケート

精神障害者雇用、２割の31社「増やす」——法改正機に採用活発化

南日本新聞は、鹿児島県内の主要企業を対象に精神障害者の雇用に関するアンケート調査をした。精神障害者の就労を促す改正障害者雇用促進法の２０１８年４月施行に向けて「精神障害者の雇用を増やす計画がある」としたのは、回答した１５２社のうち、20％にあたる31社だった。精神障害者雇用の機運が高まりつつある現状が浮き彫りになった。

アンケートは17年2月上旬、県内に本社や事業所のある２００社に送った。回答率は76％だった。

障害者雇用促進法は事業主に従業員の一定割合以上の障害者雇用を義務付ける。法定雇用率（従業員50人以上の企業は２・０％）といい、現在は身体・知的障害者の数に基づいて定められている。改正法で精神障害者も加えることになり、18年4月から雇用率が引き上げられる見込みだ。

改正法施行を「知っている」としたのは１１３社で、全体の74％に上った。

精神障害者を雇用しているのは28％の42社。現在は雇用していないと答えた１０９社のうち、今後採用する計画があるとしたのは15％の16社だった。

「増やす」と答えた企業からは「法定雇用率を達成するために必要」「配慮の方法が分からず不安だったが、雇用してみると戦力になる人が多かった」などの理由が挙がった。

「増やす計画がない」と回答した企業からは「必要最小限の従業員数で仕事をしているため、受け入れ環境を整えるのが難しい」との意見があった。

鹿児島労働局によると16年6月時点で、県内の従業

員50人以上の企業が雇う障害者は３４２９人。３障害の内訳は身体68％、知的23％に対し、精神は９％だ。全国の精神障害者の雇用割合13％に比べて低い。

職業対策課の伊地知伸一地方障害者雇用担当官（57）は「鹿児島の障害者雇用はまだ身体・知的に重点が置かれている。精神障害者雇用を支える公的サービスも増えているので企業などへの啓発を強化していきたい」と話した。

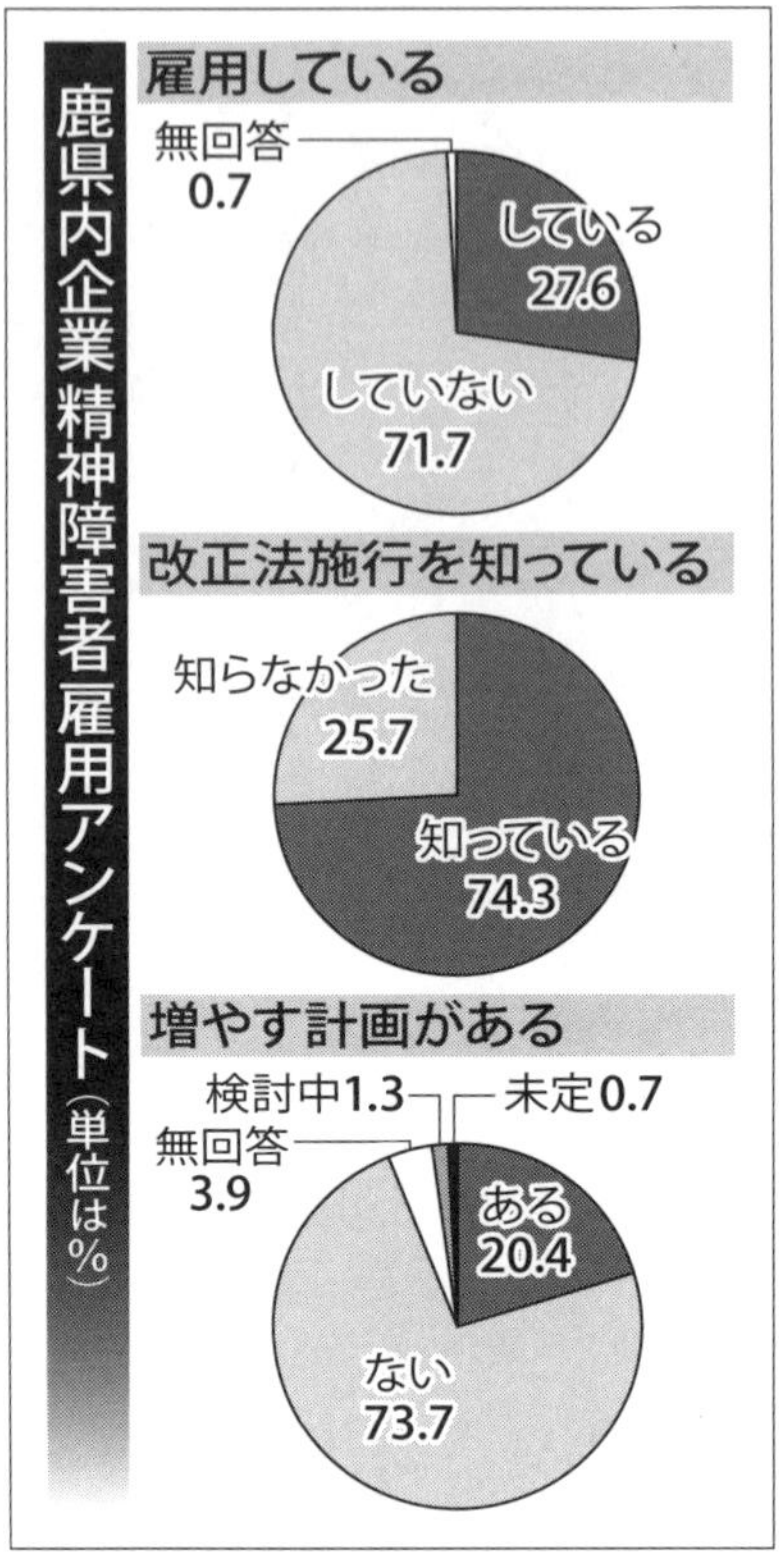

資料編

そもそも「精神障害」って?

精神障害者が増えています。2014年の国の調査では392万人に上りました。では、そもそも精神障害ってどういう状態なのでしょう? 自分が当てはまるのか、どんな医療機関でどうやって診るのでしょう。精神障害の〝入り口〟を紹介します。

環境、ストレスなど起因

誰でもなる可能性

精神障害とは、精神の病気のため、日常生活や行動がしづらくなる状態のことを指します。

病状が悪くなると、判断や、行動のコントロールも難しくなります。薬で回復に向かっても、症状が残ったり、再発したりすることがあります。

鹿児島県精神保健福祉センターの竹之内薫所長(57)は「精神障害は心の弱い人がなる、といった誤解があります。環境やストレスなどさまざまな原因で、誰もがかかる可能性のある病気です」と話します。

厚生労働省に聞きました。統計上では、精神障害者と精神疾患患者は同じ意味とのことです。

ではどんな疾患(障害)が含まれるのか。それは国際的な基準、世界保健機関(WHO)の国際疾病分類(ICD―10)「精神および行動の障害」の項目に基づくそうです。

具体的には、統合失調症、うつ病、双極性障害(そううつ病)、認知症、アルコール依存症、不安障害、適応障害、睡眠障害、発達障害などです。

この項目には、知的障害も含まれますが、日本では知的障害者は別の福祉サービス体系があり精神障害者から外します。

逆に、てんかんの場合、ICD―10「精神……」の項目にはありませんが、国内でこれまで精神障害に含んできた経緯があるそうです。

精神障害を原因から見ると、強いストレスなど精神的負担による「心因性」、脳腫瘍や感染症など体の病気に起因する「外因性」、脳の器質的な問題によって起こる「内因性」の三つに分けられます。これらが相互に影響し合い病気を引き起こすこともあります。

精神科などで対応

気になる症状＝下図参照＝が続くとき、どんな医療機関に行けばいいのでしょうか。

病院でも診療所でも「精神科」は精神疾患全般を診るところです。厚生労働省によると「精神科」と「精神神経科」は同じ意味です。

「精神科」という言葉に抵抗を感じる患者や家族に配慮し、「心療内科」を掲げるところもあります。最近は「メンタルクリニック」も増えています。

国際基準で診断

多くの精神科医は精神疾患の診断に国際的な基準を使っています。ＩＣＤ—10と、米国精神医学会の診断統計マニュアル（ＤＳＭ—５）です。この基準に、患者の状況が当てはまるかどうかを判断します。

例えば、うつ病の場合。ＩＣＤ—10には「抑うつ気分（気分が沈んでいる状態）、興味と喜びの喪失、易《い》疲労感（疲れやすさ）の増大や活動性の減退という三つの主要症状が、少なくとも2週間続いている」などとあります。

ただ、症状には個人差があります。鹿児島大学医学部長の佐野輝教授（59）によると、「医師は、患者さんが診察室に入ってきたときから、服装や姿勢、話し方、これまでの暮らし、最近の生活などを細かく確認し、診断していきます」。

最近は、脳の画像や血流検査などで精神疾患の診断をする研究も進んでおり、補助的に使うこともあります。

周りが気づきやすい変化
・服装が乱れてきた
・急にやせた、太った
・感情の変化が激しくなった
・表情が暗くなった
・1人になりたがる
・不満、トラブルが増えた
・独り言が増えた
・他人の視線を気にするようになった
・遅刻や休みが増えた
・ぼんやりしていることが多い
・ミスや物忘れが多い
・体に不自然な傷がある
気になる症状
・気分が沈む、憂うつ
・イライラする、怒りっぽい
・理由もないのに、不安な気持ちになる
・気持ちが落ち着かない
・胸がどきどきする、息苦しい
・何度も確かめないと気がすまない
・周りに誰もいないのに、人の声が聞こえてくる
・何も食べたくない、食事がおいしくない
・なかなか寝つけない、熟睡できない
・夜中に何度も目が覚める

❶ うつ病

眠れない、食欲がない、一日中気分が落ち込んでいる、何をしても楽しめないという状況が続く。精神的ストレスや身体的ストレスが重なるなど、さまざまな理由で脳の機能障害が起きている状態。脳がうまく働かないため、ものの見方が否定的になり、自分がダメな人間だと感じてしまう。

双極性障害（そううつ病）

ハイテンションで活動的なそう状態と、憂うつで無気力なうつ状態を繰り返す。そう状態の時に無謀な買い物や計画を実行してしまう。「そううつ病」とも呼ばれているため、うつ病の一種と誤解されがちだが、異なる病気。

❷ 統合失調症

心や考えがまとまりづらくなってしまう病気。気分や行動、人間関係などに影響が出てくる。健康なときにはなかった状態が表れる陽性症状と、健康なときにあったものが失われる陰性症状がある。陽性症状の典型は幻覚と妄想で、陰性症状は意欲の低下、感情表現が少なくなる、などがある。

❸ 認知症

記憶や思考などの能力が脳の病気や障害のために低下する。最も多いのがアルツハイマー型認知症で、脳神経が変化して脳の一部が萎縮していく過程で起きる。次いで脳梗塞や脳出血などの脳血管障害による血管性認知症が多い。

❹ 不安障害（パニック障害など）

突然理由もなく、動悸（どうき）やめまい、窒息感などの「発作」が起き、生活に支障が生じる。また発作が起きたらどうしようかと不安になり、発作が起きやすい場所や状況を避けるようになる。神経症性障害の一つ。

適応障害

ある特定の状況や出来事が、とてもつらく耐えがたく感じられ、憂うつな気分や不安感が強くなる。涙もろくなる、無断欠席や無謀な運転、物を壊すなどの行動面の症状がみられることもある。ストレスとなる状況や出来事がはっきりしているので、その原因から離れると、症状は次第に改善する。ストレス関連障害の一つ。

❺ てんかん

突然意識を失って反応がなくなるなどの「てんかん発作」を繰り返し起こす病気。原因や症状は人によって異なる。症状は基本的に一過性で、発作後は元通りの状態に回復する。大部分の患者は抗てんかん薬を服用すれば発作を抑えられる。

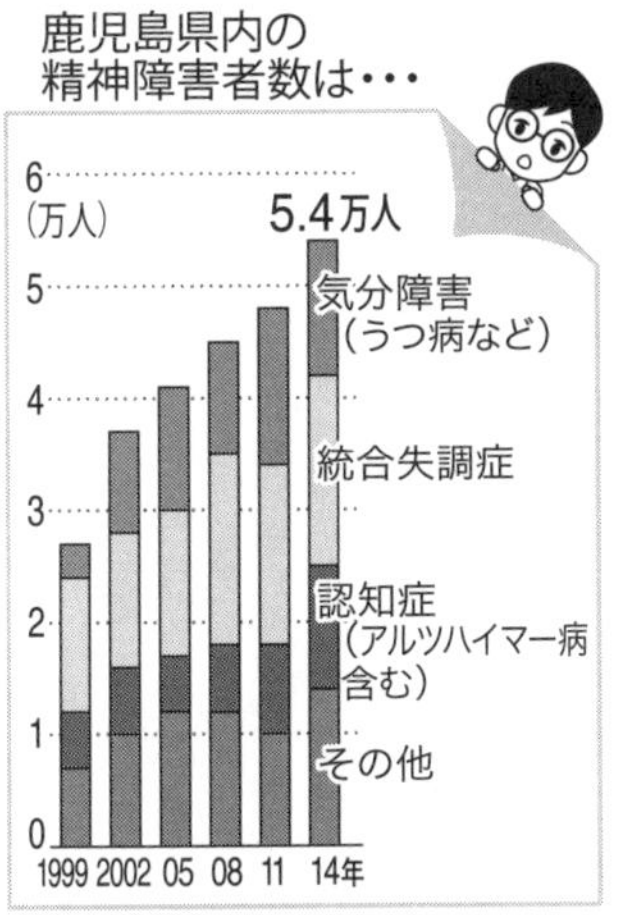

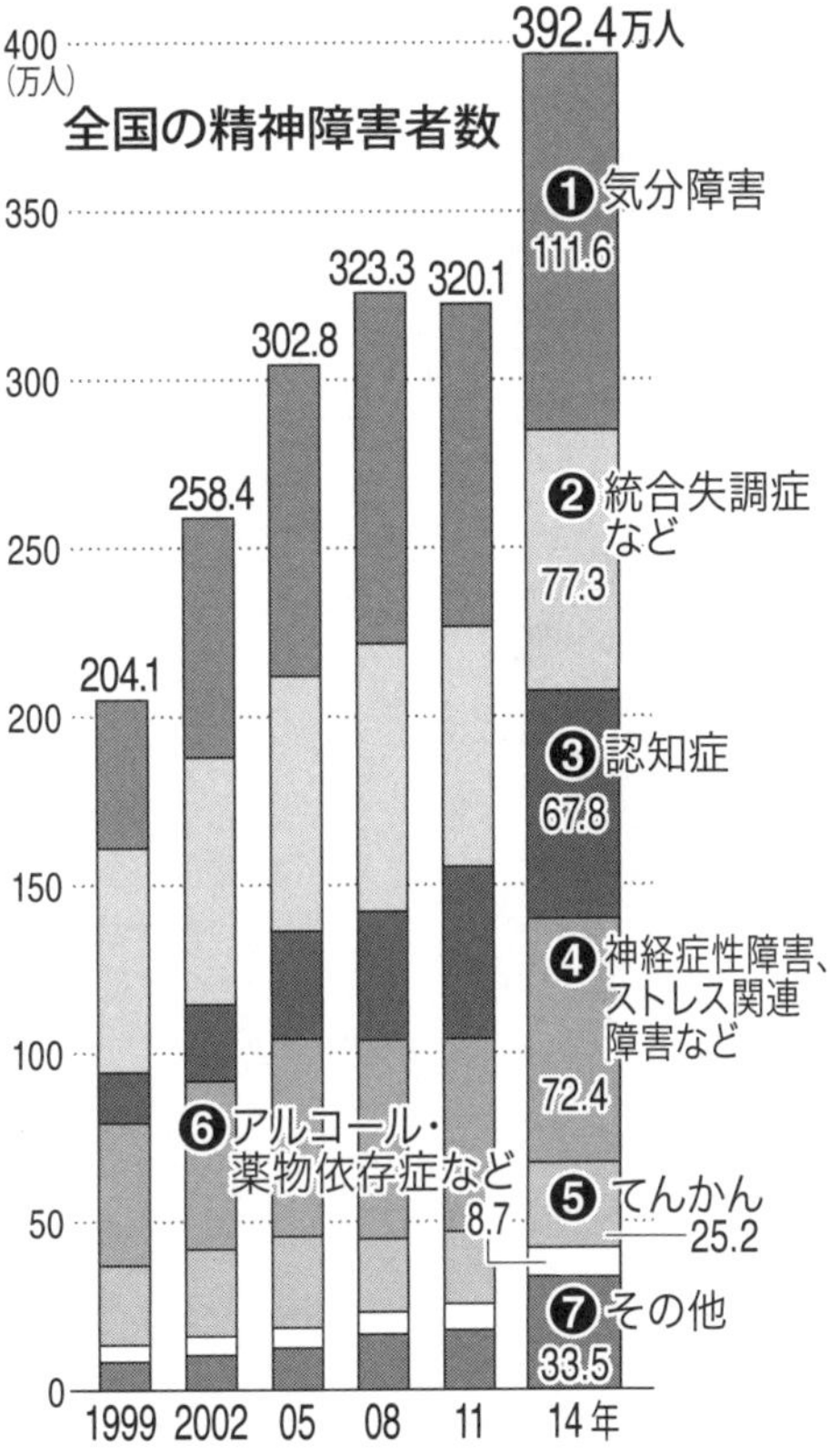

※厚生労働省「患者調査」に基づく
(2011年調査は宮城の一部と福島を除く)

❻ アルコール依存症

大量のお酒を長期にわたり飲み続け、お酒がないといられなくなる。精神面にも、身体面にも影響が表れ、仕事ができなくなるなど生活にも支障が出る。アルコールが抜けると、イライラや頭痛、手の震えなどの症状が出て、抑えるためにまた飲んでしまう。

❼ 発達障害

自閉症、アスペルガー症候群、注意欠如・多動性障害(ADHD)、学習障害などが含まれる。これらは、生まれつき脳の一部の機能に障害があるという点が共通している。同じ人に、いくつかのタイプの発達障害があることも珍しくない。

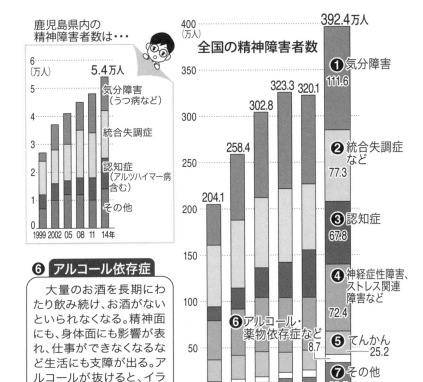

睡眠障害

睡眠に何らかの問題があること。不眠のほか、昼間眠くてしかたないという状態や、睡眠中に歩き回るなどの異常行動、睡眠のリズムが乱れて戻せない状態などが含まれる。

病気の解説は厚生労働省資料より作成、佐野輝鹿児島大学教授監修

医療・福祉サービスは？

うつ病や統合失調症などの精神障害を抱えると、仕事ができなくなり経済的に困ったり、生活がしづらくなったりします。そんな状況を支援するため、国や自治体が提供する、いろいろな医療・福祉サービスを紹介します。

国や自治体の支援さまざま

精神障害があり日常生活に支障がある人は「精神障害者保健福祉手帳」を持つことができます。

手帳は、一定の精神障害の状態であることを証明し、自立と社会参加を促すためのものです。

各市町村の担当窓口で申請手続きをします。対象は、精神障害があり初診日から６カ月を経過した人か、障害年金や特別障害給付金を受けている人です。２年ごとに更新手続きが必要です。

増える手帳交付

鹿児島県によると、２０１６年３月末時点で県内の１万１３９０人が交付を受けています。精神障害者の増加に伴い、年々増えています。等級は障害の度合いに応じて１級から３級まであります。

手帳があれば、税の控除や携帯電話使用料の割引などの支援を受けることができます。市町村ごとの支援策もあります。鹿児島市は、手帳保持者に市電、バス、桜島フェリーを無料で利用できるパス券（友愛パス）を発行するほか、公共施設の入場料減免も行っています。

ただ、ＪＲや航空各社の場合、身体・知的障害者対象の手帳を持つ人への運賃割引はあっても、精神障害者手帳を持つ人への割引はありません。精神障害者団体は、身体・知的と同様の割引にするよう要望を続けています。

医療費の補助も

精神障害者の通院治療負担が軽くなる「自立支援医療」の制度もあります。市町村に申請をします。一般的に公的医療保険は3割負担ですが、この制度を利用すれば1割負担になります。さらに所得に応じて負担の上限額があります。

対象となるのは外来の診察、薬代のほか、デイケア、外来作業療法、訪問看護などです。

デイケアは、他の利用者と昼間にレクリエーション活動や食事をともにしながら、社会生活機能の回復を目指します。

外来作業療法は2時間程度、個別やグループで運動や創作活動をすることで、自分らしい生活を送れるようにします。

訪問看護は、看護師や保健師らが患者の家を訪問し、健康状態の確認や生活指導をします。

就労目指し訓練

病気が安定し、「働きたい」と思ったら、就労支援サービスを利用しましょう。

主なサービスには、一般就労するための訓練や準備をする「就労移行支援」、就労継続支援事業所と雇用関係を結び労働者として働きながら知識や能力の向上を図る「就労継続支援A型」、生活リズムや病状を安定させながら無理のないペースで働くことができる「就労継続支援B型」があります。

A型は最低賃金（16年鹿児島県の場合、時給715円）が保障されます。B型の14年県平均月額工賃は1万4582円です。

就労支援などの福祉サービス=271ページに一覧=を利用するには市町村への申請が必要です。サービスによっては「障害支援区分」の認定を受けることが必要になります。

さらに、「指定特定相談支援事業者」が利用計画案を作成し、サービス担当者会議などを経て、利用ができるようになります。

医療・福祉のサービスは複雑で、難しく感じることも多いでしょう。鹿児島県の松永絹子精神保健福祉対策監は「入院・通院中の病院の精神保健福祉士や、市町村の担当部署、保健センターに相談してほしい」と話しています。

精神科の入院は3種類

精神科の入院は、任意入院、医療保護入院、措置入院の3種類があります。精神保健福祉法に定めています。

本人が入院の必要性を理解し、自ら選択して入院する「任意入院」が最も望ましい形です。

精神保健指定医が入院が必要と判断しても、本人の同意が得られない場合、家族など（配偶者や親権者、扶養義務のある人ら）の同意だけで入院させることができます。「医療保護入院」と言います。家族がいない場合や、意思を表示することができない場合は、市町村長が同意者となります。

自分を傷つけたり、他人に危害を及ぼす恐れがあるときは、都道府県知事の権限による「措置入院」となります。精神保健指定医2人以上が診察し、必要性があると判断した場合に限ります。ただし、緊急のときは指定医1人の診察で「緊急措置入院」をさせる場合があります。

医療保護入院や措置入院の場合でも、病状が改善したり本人の同意が得られたりすれば、任意入院に切り替えることもあります。また医師らには、入院中の制限や退院請求できる権利などを患者に説明し、書面で告知する義務があります。

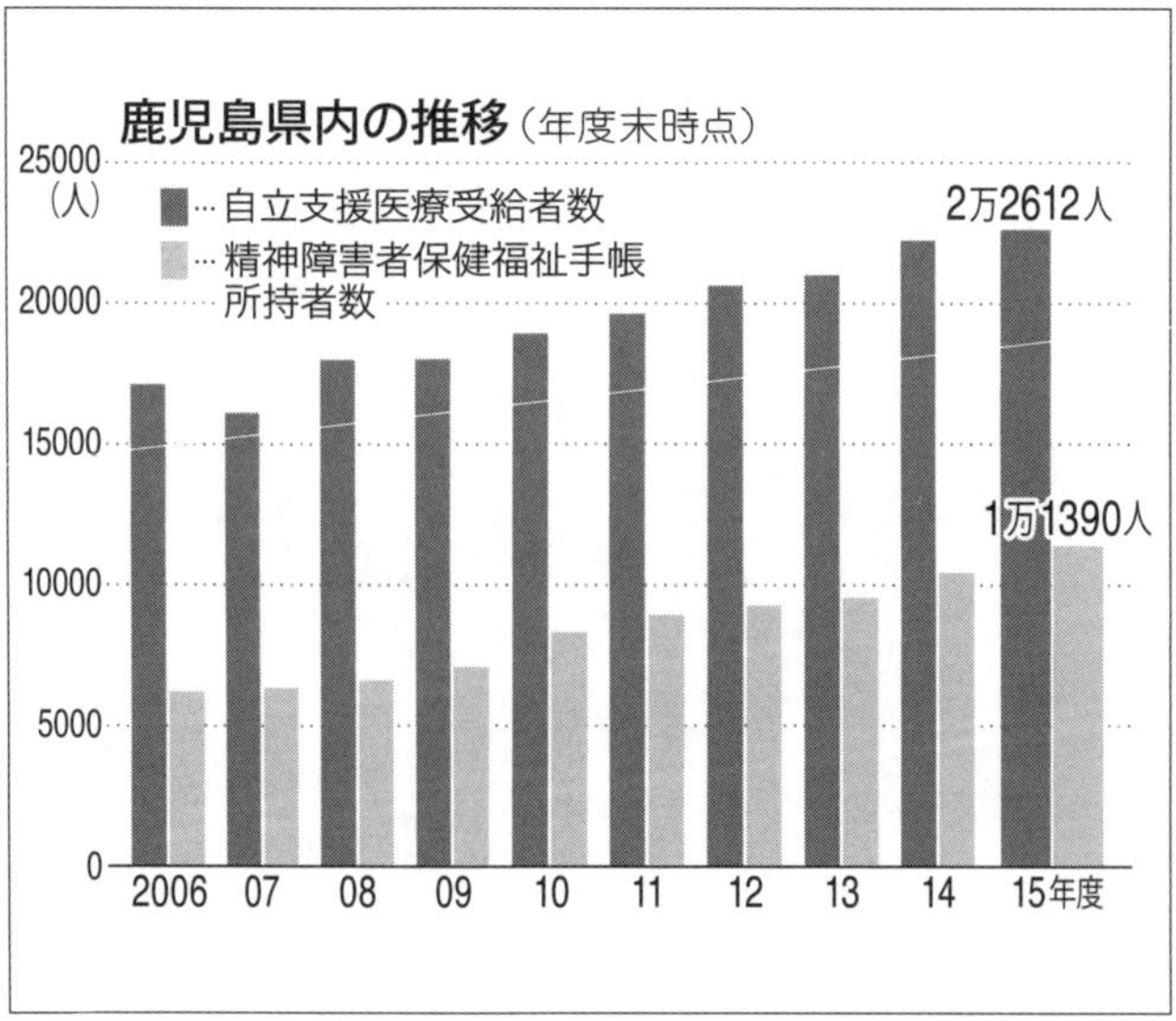

障害者に対する主なサービス

介　護　給　付

居宅介護（ホームヘルプ）

自宅で入浴や排せつの介護のほか、洗濯や掃除など生活全般を支援する。

短期入所（ショートステイ）

障害者の介護者が病気などで介護できない場合、障害者を施設に短期間入所させる。

訓　練　等　給　付

自立訓練

自立した日常生活や社会生活を送るために必要な訓練や相談支援を行う。

就労移行支援

65歳未満が対象。就労するための知識や能力の向上へ必要な訓練や相談支援を行う。

就労継続支援（A型・B型）

企業などに就労が困難な人に、就労継続支援事業所で働く機会を提供する。65歳未満を対象に雇用契約を結んで働くA型と、雇用契約を結ばずに働くB型がある。

共同生活援助（グループホーム）

グループホームなどの共同生活を営む住居で、主に夜間の相談対応や日常生活上の援助をする。

地域相談支援給付（地域移行支援・地域定着支援）

地域移行支援は、入院中や、障害者支援施設に入所している人に、住居の確保や地域生活の準備を支援する。地域定着支援は、単身者らの緊急の連絡に対応し必要な支援をする。

計画相談支援給付

指定特定相談支援事業者が、障害福祉サービスなどの利用計画案の作成や必要に応じた見直しを行う。

地域生活支援事業

自治体の判断で柔軟に実施している事業。

地域活動支援センター

精神保健福祉士など専門職員が相談に応じる。創作活動や生産活動を通して、社会との交流を促す。カフェや料理教室を開くなど各センターごとに特色がある。

自　立　支　援　医　療（精神通院医療）

医療機関に通院し精神医療を受けた場合の自己負担が1割になる。

「統合失調症」を知ろう

鹿児島県内の精神障害者で、最も多いのが「統合失調症」です。全国の精神科の入院患者で最も多い病名でもあります。そもそもどんな病気なのか。「Q&A」や図を使って解説します。

Q どのくらい患者がいるの？

A 100人に1人弱

統合失調症で受診中の患者は、国内に約80万人と推計されています。

受診していない人も含めて、統合失調症の人がどのくらいいるのかは、日本で十分な調査はありません。ただ、世界各国のデータから、100人に1人弱（0・7％）が生涯のうちに発症するといわれています。

発症の時期は、10代後半から30代が多く、発症する年齢は男性より女性が遅めです。

「話が全く通じない」「不治の病」という誤解がありますが、心の働きの多くは保たれ、多くの患者は回復します。

以前は「精神分裂病」が正式病名でしたが、病気への誤解につながるとして2002年、「統合失調症」に変更されました。

Q どうして発症するの？

A ストレス影響か

統合失調症の原因は今のところはっきり分かっていません。

ただ、患者の脳に軽度の変化があることが明らかになっています。神経伝達物質のドーパミンの過剰な働きや脳構造の異常が関係するとみられます。

脳が変化する背景には、生まれ持った素質と環境の二つの要因があるようです。仕事や受験、失恋などの人間関係のストレスも影響すると考えられます。

Q どんな症状があるの？

A 幻覚や妄想

幻覚・妄想、生活の障害、病識の障害などがあります。

幻覚と妄想は統合失調症の代表的な症状です。「陽性症状」と呼ばれます。ないものをあると感じる幻覚の中でも最も多いのが幻聴です。誰もいないのに声が聞こえたり、他の音に交じり声が聞こえたりします。例えば「おまえはばかだ」と本人を批判するものや「今トイレに入りました」と本人を監視する声があります。

妄想は、真実ではないのに真実と思い込むことです。

「街ですれ違う人が自分を襲おうとしている」（迫害妄想）、「近所の人の咳払いは自分への警告だ」（関係妄想）、「警察に尾行されている」（追跡妄想）などがあります。

幻覚や妄想の特徴は、他人が患者本人に悪い働きかけをしてくるという誤った認識に陥ることです。内容の多くは本人の価値感や関心と関連しています。意欲の低下や感情を適切に表せなくなるなどの「陰性症状」もあり、対人関係など社会生活に障害を及ぼします。

「陽性症状」と比べ、病気によるものとは分かりにくいため、「社会性がない」「怠けている」といった誤解を受けやすくなります。

病識とは、幻覚や妄想のような症状が病気の症状であると患者本人が自覚することです。統合失調症ではこの病識が障害されます。

多くの場合、普段の調子とは異なること、神経が過敏になっていることは自覚できます。

陽性症状
おまえはばかだ
あっちへ行け
警察が自分を尾行している
陰性症状
………。

しかし、幻覚や妄想が活発になってくると、「本当の声ではない」「正しい考えではない」と説明されても、なかなか理解できない傾向があります。

治療法　薬中心、対話・作業療法も

「早めに受診し適切な治療をすれば、統合失調症の多くの患者が社会復帰できるようになる」。鹿児島大学大学院の佐野輝教授（59）＝精神機能病学＝は強調します。

では、どのような治療をするのでしょうか。外来でも入院でも、治療の中心となるのは薬を飲む「薬物療法」です。

統合失調症の薬は「抗精神病薬」と呼ばれ、定型薬と非定型薬の2種類に分けられます。

1950年代に普及し始めた定型薬に対し、非定型薬は90年代に広まりました。現在では定型薬より多く使われています。

統合失調症には、脳内の神経伝達物質の一つである「ドーパミン」が深く関わっていると考えられています。気持ちを緊張させたり興奮させたりする物質です。

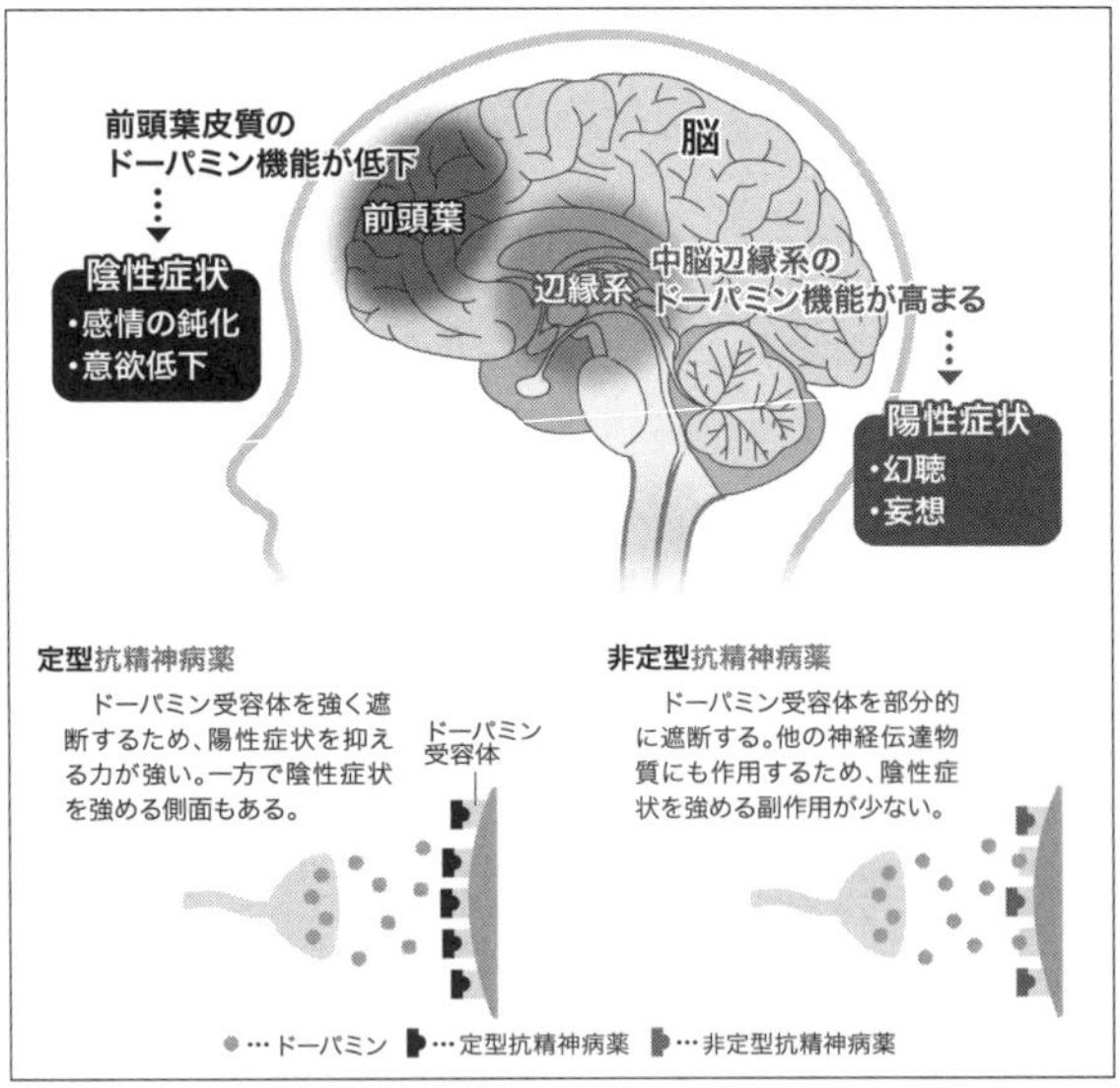
前頭葉皮質のドーパミン機能が低下
陰性症状
・感情の鈍化
・意欲低下
脳
前頭葉
辺縁系
中脳辺縁系のドーパミン機能が高まる
陽性症状
・幻聴
・妄想
定型抗精神病薬
ドーパミン受容体を強く遮断するため、陽性症状を抑える力が強い。一方で陰性症状を強める側面もある。
ドーパミン受容体
非定型抗精神病薬
ドーパミン受容体を部分的に遮断する。他の神経伝達物質にも作用するため、陰性症状を強める副作用が少ない。
…ドーパミン
…定型抗精神病薬
…非定型抗精神病薬

中脳辺縁系でドーパミンの働きが過剰になると、幻覚や妄想といった「陽性症状」が表れやすくなります。

また、前頭葉皮質でドーパミンの働きが低下すると、意欲や判断力低下といった「陰性症状」が表れやすくなります。

抗精神病薬は、主にドーパミンの働きを遮断し、幻覚や妄想を抑えます。ただ、定型薬はドーパミンの働きを強く遮断してしまうため、陰性症状を強めたり、手の震えといった副作用が出たりします。副作用を抑えるために別の薬を飲むなど、薬の量が増える傾向もありました。

非定型薬は、ドーパミンの働きを遮断しすぎず、セロトニンやヒスタミンなど、他の神経伝達物質にも作用するため、陰性症状や手の震えなどの副作用を軽減できるとされています。

佐野教授は「種類や形状、飲み心地など、薬の開発はこの10年ほどで進んでいる。患者に合わせた選択ができ治療の幅も広がった」と話します。

ただ、患者の状態を改善するには、薬物だけでは不十分です。

医師との対話を通して気持ちを整理し、問題解決を図る「精神療法」や、作業を通じ生活機能の回復を目指す「作業療法」などのリハビリテーションが重要です。

病気や薬について理解を深める「心理教育」や、対人関係をスムーズにするための考え方や行動を学ぶ「生活技能訓練（ＳＳＴ）」もあります。

近年では「オープンダイアローグ」という、フィンランドで生まれた治療法が注目されています。「開かれた対話」という意味で、急性期の患者と家族、専門家チームが対話を重ね、症状改善を目指します。

※佐野輝鹿児島大学大学院教授監修。Ｑ＆Ａは厚生労働省のサイト「みんなのメンタルヘルス」を基に作成

■ 統合失調症の経過

統合失調症の経過は以下の４期に分けられる

①前駆期

さまざまな症状が出る時期。焦りや不安感、気力減退などの精神症状のほか、不眠や食欲不振といった身体症状がある。うつ病や不安障害の症状と似ている。

▼

②急性期

幻覚や妄想などの症状が出る。睡眠や食事のリズムが崩れて昼夜逆転の生活になったり、行動にまとまりを欠いたり、日常生活や対人関係に障害が出る。

▼

③回復期

治療で急性期が治まる。現実感を取り戻す一方、将来へ不安と焦りを感じる。周囲から良くなったように見えるが、本人はまだ元気が出ない。辛抱強く待つことが大切。

▼

④安定期

安定を取り戻す時期。病前の状態へと回復する人のほか、症状の一部が残る人や回復期の元気がないような症状が続く人もいる。リハビリで社会復帰する人も多い。

うつ病Q＆A

うつ病は、気分が極端に落ち込み、ものの見方が否定的になる病気です。発症すると社会生活が難しくなるだけでなく、「自分は必要ない人間だ」と思い込んで自殺してしまうケースもあります。どんな治療法があり、家族や周囲はどう対応すればいいのでしょうか。２人の精神科医にＱ＆Ａ方式で聞きました。

病気について

鹿児島大学病院神経科精神科
春日井基文 講師

Q 症状は？

A 気分の落ち込みや不眠

気分の落ち込み、不眠、興味・関心の喪失、意欲・食欲の低下といった症状がみられます。自殺という最悪の結果につながる危険性があり、早めに医師の診察を受けることが大切です。

発症の原因は解明されていませんが、ストレスや環境の変化、他の病気など、さまざまなことが引き金となります。脳内では、セロトニンやノルアドレナリンといった神経伝達物質の働きが悪くなっていると考えられています。

Q 診断は？

A 症状だけでなく総合的に判断

診断は「気分の落ち込みが2週間続く」などの国際基準を参考にするのが一般的です。加えて、うつ病以外でうつ状態が生じていないかを検討し、総合的に判断します。これまでの生活の様子や発症した状況を本人や家族に確かめ、脳の画像検査や血液検査を行うこともあります。

Q 治療は？

A 薬物と精神療法主体

薬物療法と、精神療法が主体です。

薬物療法では、主に抗うつ薬を使います。セロトニンやノルアドレナリンの量を増やし、働きを促します。薬の内容や目的、副作用については医師によく確かめてください。

精神療法は、医師との対話を通して、悲観的な考え方を改善します。

Q 治療の経過は？

A 改善しても再発注意

適切な治療を受ければ多くの場合、症状は改善します。しかし、うつ病は再発することも少なくないです。症状が改善してもすぐに治療をやめず、医師と相談していくことが大切です。

Q 患者増の理由は？

A 啓発活動で受診増

国の自殺対策による啓発活動で、うつ病は広く認知されるようになりました。そのことでうつ病への社会的偏見が薄れ、病院を受診する人が増えたことが要因の一つと言われています。啓発活動の結果、自殺者数は減少傾向となっています。

効率や結果を重視する社会的な流れの中、労働者にかかる心身の負担は増えていると言われています。

近年、仕事ではうつ状態になるが余暇は楽しく過ごせる「新型うつ病」が問題視されています。精神的な成熟度が低い若年者に多いとされます。ただ、医学的に認められた診断名ではありません。うつ病とは分けて考える必要があります。

家族の対応

鹿児島県精神保健福祉センター
竹之内薫 所長

Q 接し方は？

A 話じっくり聞いて

まずは本人の苦しみを受け止めてあげましょう。

「私はあなたを心配している」とはっきり伝え、自分が味方であることを明確にします。その上で相手の話をじっくり聞きます。このとき、相手の話を決して否定してはいけません。

特に「そんなことないよ」「大丈夫だよ」「頑張って」といった言葉は禁句です。こちらは励ますつもりでも、本人は「自分のつらさを分かってもらえなかった」と受け取り、心を閉ざしてしまうからです。徹底的に聞き役に回りましょう。苦しさを共感しようとする姿勢が、相手の不安を和らげます。

Q 相談先は？

A 医療機関や保健所に

うつ病に関する診察は、精神科や心療内科で受けられます。本人が通院しやすい医療機関を選びましょう。地域の保健所や県精神保健福祉センター＝０９９（２１８）４７５５＝でも相談に応じます。

Q 受診嫌がる場合は？

A かかりつけ医からでも

発病当初は本人に病気の自覚がない場合も多いです。「眠れない」など本人が困っていることに焦点を当て、「よく眠れるように病院に行ってみよう」と促してみましょう。

精神科の受診に抵抗があるようであれば、最初にかかりつけ医に相談する方法もあります。いろんな検査をしてもらった上で「体に異常はないから、精神面を調べてもらってはどうですか」と勧めてもらいます。

Q やってはいけないことは？

A 外出を無理に勧めない

発病初期は急性期といって、特に気分が落ち込んだ状態が続きます。気分転換になるからと外出を勧めたりしがちですが、無理強いすると逆効果です。

急性期の患者は食欲や睡眠欲など、生きるために必要な欲求がすべて失われた状態にあります。本人にとって、この時期の外出は苦痛でしかありません。ある程度の休養期間を経れば回復期に入り、本人か

ら「〇〇をやってみようかな」と前向きな言葉が出るようになります。本人が行動力を取り戻すまでは、

ゆっくりと休養させてあげましょう。

気付いてほしい「うつ病のサイン」

- □何をしても楽しくない。何にも興味がわかない
- □疲れているのに眠れない
- □イライラして落ち着かない
- □思考力が落ちる
- □飲酒量が増える
- □食欲、性欲がない
- □体がだるい。疲れやすい
- □頭痛や肩こりが続く
- □自分には価値がないと感じる。死にたくなる

（厚生労働省「みんなのメンタルヘルス」より抜粋）

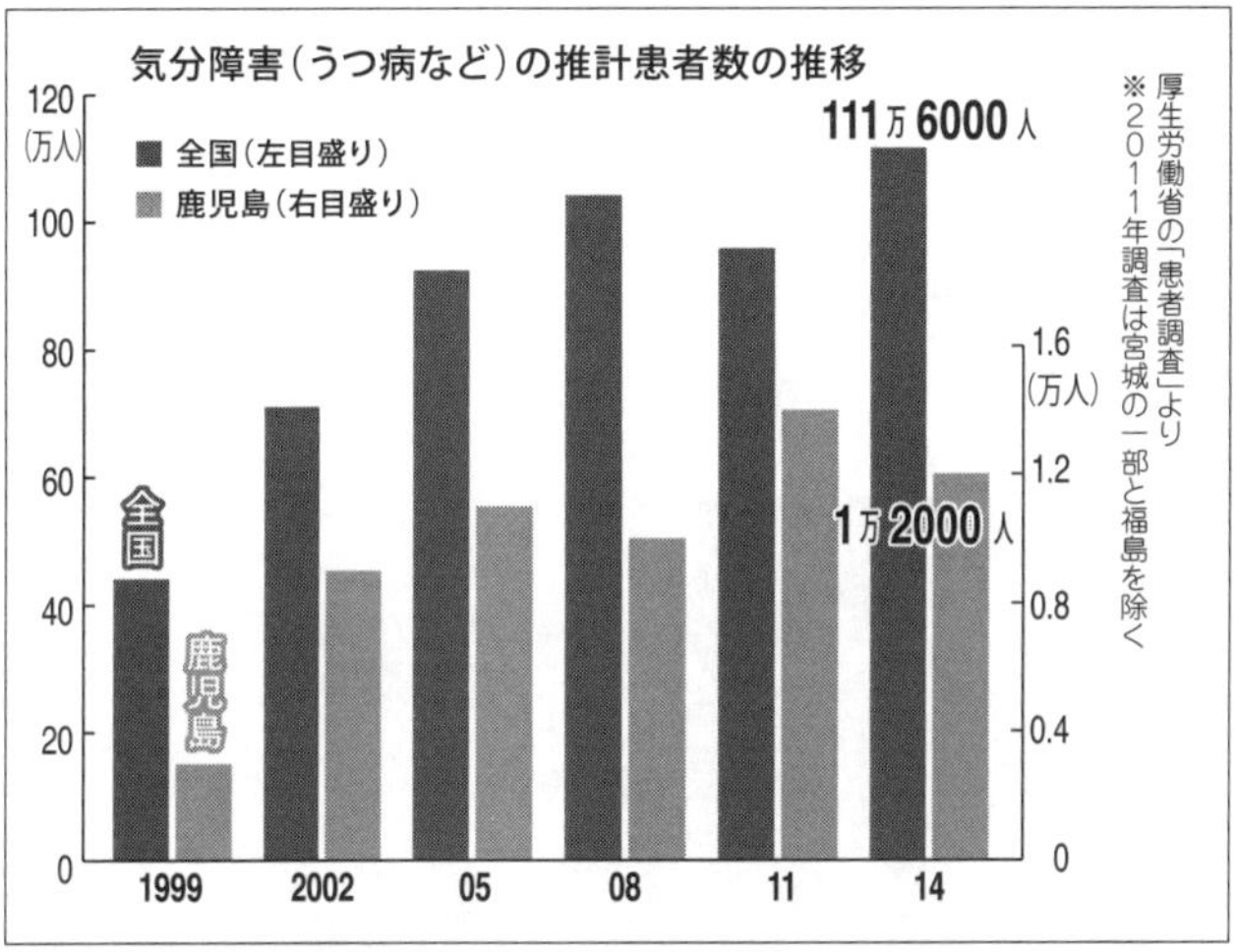

厚生労働省の「患者調査」より
※2011年調査は宮城の一部と福島を除く

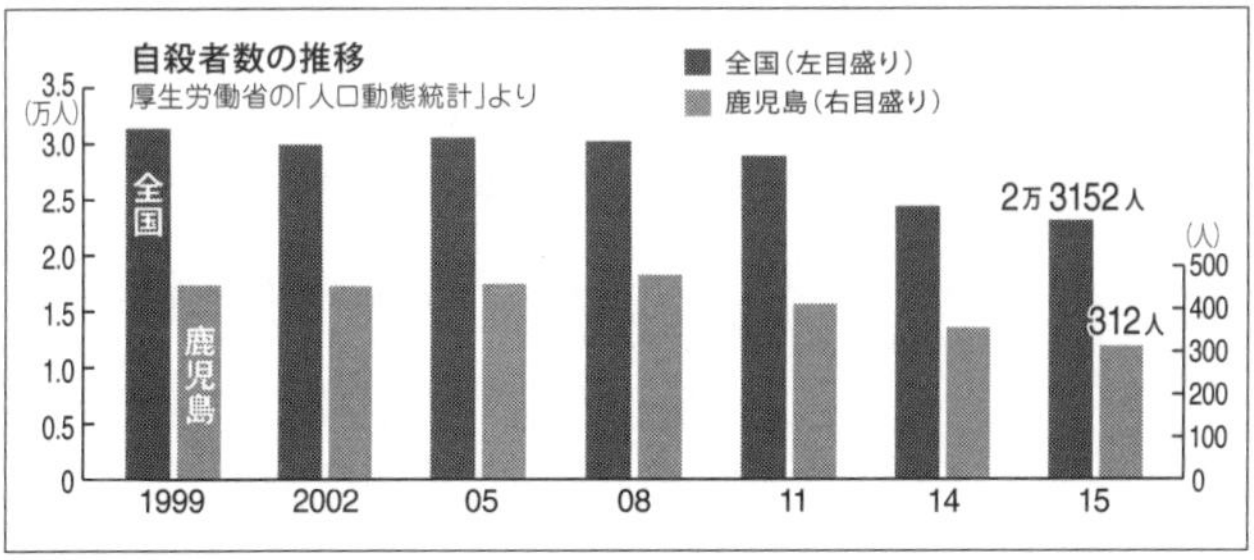

厚生労働省の「人口動態統計」より

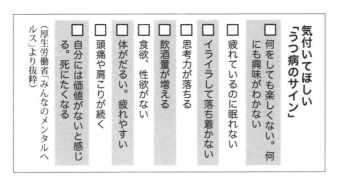

精神障害者どう接すれば？

精神障害者にどう接すればいいのでしょうか。メンタルホスピタル鹿児島（鹿児島市）で精神疾患の経験を生かすピアサポート専門員として働く川上裕美さんと小山恵里さん、2人を支援する精神保健福祉士の福永康孝さんに聞きました。

「構えず普通の対応を」

―精神障害者と接するとき特別な対応が必要ですか

川上　精神障害者だからと構えず、基本的には一般の人と同じように普通に接してほしいです。『こんなこと言っていいのかな』と気を使いながら話されると、その雰囲気はこちらにも伝わります。

精神疾患は病状が落ち着いた後も再発を防ぐための通院治療が長く必要な病気です。将来が見通せずに不安を覚えることも少なくありません。過剰な気遣いを受けると、逆に自分の病気を強く意識してしまって気分が落ち込むこともあります。

メンタルホスピタル鹿児島の３人に聞く。左から、川上裕美さん、小山恵里さん、福永康孝さん

共感の言葉で気が楽に

―障害者から相談を受けたとき、気をつけることはありますか

小山　とにかく話を聞いてあげてほしいです。私が病気の苦しさや生きづらさを打ち明けるとき、相手に答えを求めてはいないことが多い。『それはつらいね』などと共感してもらうだけで気分が楽になります。

福永　あなたのことを心配している、という思いははっきり伝えてほしいですね。その上で共感を持って話に耳を傾けてあげれば本人との距離はぐっと近づくはず。『こうするべきだ』といった決めつけるような助言は逆効果になります。

川上　助言者ではなく、寄り添ってくれる〝伴走者〟のような存在が助かります。『頑張って』と背中を押されるより、うなずきながら話を聞いてもらう方がうれしい。

見守ってほしいときも

―障害者の調子が悪くなったときには、どうすればいいですか

小山　私は調子が悪くなると口調が荒くなり、感情的になりやすくなります。そんなとき、同居する家族は私と距離をとり、症状が落ち着いた後に『あのときは調子が悪かったの？』などと声をかけてくれます。

（家族がしてくれているように）あえて積極的に関わらず見守りに徹してもらえると、いたずらに衝突せずに済みます。私たちの方も構わないでほしい時期でもあるので。その後、状態が良くなってから気遣いの言葉をかけてもらうと、『見守ってもらえている』という安心感が得られます。

―どんなときに調子が悪くなりますか

川上　疲れやストレス、薬の飲み忘れが引き金になることが多いです。季節の変わり目など周期的なものもあります。私が患者さんと接するとき、最も注意するのは表情の変化。気分の落ち込みだけでなく、異常に明るいときも要注意です。

小山　調子が悪くなる前には人それぞれの前兆（サイ

ン）があります。私の場合、異常に眠たくなり家事が一切できなくなります。家族がサインに気付き『薬は飲んだの？』などと声をかけてくれることがあります。本人が自分のサインを周囲に伝え、サポートを受けやすい環境をつくっておくことも大事です。

一人で丸抱えしないで

—ほかに注意すべきことはありますか

福永　（特に友人の場合）『日中は話を聞けるけど、夜は無理』など、自分ができること、できないことをはっきり伝えておくことも大事。丸抱えすると共倒れになりかねません。本人を支えていく上での立ち位置をお互いに確認していれば、過度に頼られて困るということもなくなります。

職場で定期的面談を

鹿児島障害者職業センターカウンセラー

荒木邦明さん

鹿児島障害者職業センターの荒木邦明・主任障害者職業カウンセラー（47）に、精神障害者を雇う際の合理的配慮や職場の同僚としての接し方を教えてもらいました。

—面接時に気をつけることは

精神障害者はコミュニケーションが苦手な人が多く、緊張して面接官の質問にうまく答えられないケースもあります。障害者職業センターなど、本人が利用する就労支援機関があれば、面接時に配慮すべき点を確認しておくといいでしょう。センターの支援員に同席してもらうこともできます。

—採用後は

定期的な通院は精神障害者が社会生活を続ける上で欠かせません。通院治療の継続を最優先に、休日や勤務時間を調整する必要があります。

職場で困っていること、悩んでいることを相談できる体制も重要です。何かあったら相談を、という受け身の姿勢では十分な対応ができないこともあります。相談担当者を決め、定期的な面談を通じて勤務状況、健康状態を把握すべきです。精神障害者にとって、新しい環境は一般の人以上にストレスになります。就職後半年くらいは特に目配りが必要です。

―同僚はどう接すればいい

精神障害者は服薬の影響などで心身の疲れが出やすい傾向があります。本人の様子に変わったところがあれば、『大丈夫か』『疲れてないか』と声をかけてあげるといいでしょう。

企業による合理的配慮の例

募集・採用前

・面接で就労支援機関職員の同席を認める
・勤務時間や業務内容の説明を徹底する

採用後

・通院日や体調を考えて出退勤時間、休日を決める
・静かな場所で休憩できるようにする
・業務指導や相談の担当者を置く
・困りごとがないか定期的に聞き取る
・本人の意向に配慮した上で障害の内容、必要な支援を職場に周知する

合理的配慮、必要に／障害者差別解消法

障害を理由とした差別を禁止した障害者差別解消法（2016年4月施行）は、「合理的配慮の提供」を行政機関に義務付け、企業や店舗などの事業者には努力義務としました。

合理的配慮とは、障害者側から「社会的障壁を取り除くために対応してほしい」と求められたとき、費用や人手がかかりすぎない範囲で設備、サービスを整えることです。例としては、（1）目や耳が不自由な人に文書読み上げや筆談で応じる、（2）知的障害者のために易しい言葉で言い換える――などが挙げられます。

この配慮を受けられる障害者には、顧客などのサービス利用者だけでなく、企業で働く従業員も含まれます。

18年4月には、改正障害者雇用促進法が施行され、障害のある従業員の雇用率が現行の2・0％から引き上げられます。この雇用率の算定基礎に初めて精神障害者が含まれることになっています。

精神障害者が働きやすい職場づくりは、これから企業にとって大きな課題になりそうです。

支え合い地域で生きる――共生へ6項目の提言

南日本新聞シリーズ企画「精神障害とともに」は、２０１６年9月から17年6月まで全8部73回連載した。精神障害者は長い歴史の中で偏見差別に苦しめられてきた。入院の必要性がないのに、帰るあてがないため数十年病院にとどまる人も多い。しかしそれらは本来あるべき姿ではない。精神障害がたとえ重くても支えがあれば地域で生きていける。障害の有無にかかわらず生きやすい社会づくりを進めたい。取材班は最後に、地域での共生を促す6項目の提言をまとめた。偏見解消のための啓発強化や、地域移行を推進する制度改正などだ。このシリーズを展開するに至った経緯や狙い、各記者が連載を終えて感じたことも紹介する。

1. 啓発強化で偏見解消

精神障害（精神疾患）に対する偏見差別は根強い。本紙が精神障害者・家族を対象にアンケートしたところ、半数が「偏見差別を感じる」と答えた。偏見解消に向け「精神障害者サポーター」制度を導入してはどうだろうか。

国が養成に力を入れる「認知症サポーター」が参考になる。自治体などが行う講習を受けた人がオレンジ色のブレスレットをもらい、地域での声掛けなどできる範囲で手助けしている。全国で８８０万人以上が認定され、認知症への理解の拡大に貢献している。

認知症は精神疾患に含まれる。認知症サポーターが精神障害者サポーターになる際は講習を簡略化してもいい。

学校で精神疾患を学ぶことも大切だ。中学校の次期学習指導要領には新たに「がん」が盛り込まれた。精神疾患はがんと同様、５大疾病の一つでいわば国民病だ。若年層の自殺対策を進める上でも精神疾患への理解が欠かせない。学習指導要領に明確に盛り込むべきだ。誰でもなり得る病気であることを周知し早期受診につなげたい。

障害者や家族からの発信は障害への理解を進める。

教育現場や啓発イベントで本人が参加する機会を増やすことも重要だ。

2．病床削減へ制度改革

国は2004年、10年間で精神病床7万床を減らし地域移行を促す目標を立てた。だが結果は02年から12年間で1万8千床の減少にとどまった。14年時点で33万床ある。病床をなかなか減らせない背景には精神科病院の8割以上が民間という事情がある。

14年時点で28万9千人が入院し、1年以上の長期入院患者が6割の18万5千人を占める。治療の必要がないのに入院が長期化するのは人権上問題だ。病院の経営に一定の配慮をしつつ、病院人材を地域に振り向ける仕組み作りが急務だ。病院が前向きに取り組める改革を進めたい。

診療報酬は、訪問系サービスに今まで以上に手厚くすべきだ。精神科医や看護師、精神保健福祉士ら多職種が患者宅に出向き、家族を含めた支援をしやすい仕組みにあらためる必要がある。

取材の中で「訪問系サービスは患者が多い都市部では成り立つが地方部では難しい」という声を聞いた。地方に十分に配慮した仕組みが求められる。病床削減に対する補助金の拠出や診療報酬のさらなる加算など大胆な手を打つべきだ。

また病院側も、精神疾患の経験を生かし退院意欲を喚起するピアサポーターを活用するなど地域移行を積極的に進めてほしい。

3．隔離拘束減、対策図れ

全国の精神科病院で、内側から開けることができない保護室への隔離と、患者の手足をベッドにくくり付けるなどの身体拘束が増えている。

隔離・拘束は、患者に自傷の恐れがあるなど精神保健指定医が必要と判断した場合に限り認められている。ただ、シリーズ取材を通し、「隔離・拘束された経験が心の傷になっている」という患者は多かった。

県内のある病院では院長ができる限り隔離や拘束をしない方針を打ち出し、いずれも減少させた。安易な隔離・拘束は1件たりともあってはならない。

患者は、入院の継続など院内処遇に不満がある場合、都道府県などの精神医療審査会に改善請求できる。ただ、審査は結果が出るまでに平均1カ月程度かかり、現在進行形の隔離・拘束の改善にはつながりにくいのが実情だ。そのため、人権団体からは「隔離・拘束が行われたとき、すぐに第三者が適切性をチェックできる仕組みが必要」との意見が出ている。

隔離・拘束がなぜ増えたのか。要因を探るため厚労省は実態調査に乗り出した。患者の権利擁護の仕組みづくりを含めた早急な対策が求められる。

4．働きやすい職場急務

２０１８年4月から障害者法定雇用率の算定基礎に精神障害者が加わる。これに伴い民間企業の法定雇用率は２・０％から２・２％に引き上げられる。

身体・知的障害者の求職者数はここ数年頭打ち状態で、精神障害者は右肩上がりだ。雇用率達成には、精神障害者が働きやすい職場づくりが欠かせない。

ただ、法改正の周知は不十分だ。本紙が17年2月、県内主要企業にアンケートした結果、改正を知らない企業は26％に上った。中には精神障害者と知的障害者を混同した回答もあった。

国や県は、精神障害者雇用に関する公的な支援策や成功事例、障害者に対する配慮の具体例などの周知を急ぐべきだ。

県内で法定雇用率を満たしてない企業は４割に上る。企業側も担当者を配置するなど早急に受け入れ体制を整えたい。

法定雇用率に算定できるのは、現行制度では週20時間以上働く障害者だけだ。20時間以上30時間未満だと障害者雇用０・５人分となり、30時間以上が１人に数えられる。

精神障害を抱えながら働く中で「20時間」が大きなハードルになる人も多い。より柔軟な運用ができるよう制度を見直すべきだ。

5．離島の患者に支援を

精神科医の常駐していない離島の精神障害者が、島で安心して暮らすための公的支援を充実させたい。第一に挙げたいのが島外に通院する障害者への交通費補助だ。

多くの精神障害者にとって、定期的な通院は病状安定に欠かせない。しかし鹿児島県内28の有人離島のうち、精神科医が常駐するのは種子島、奄美大島、徳之島の３島だけ。他島の障害者は島外に通院せざるを得ず、交通費が負担になっている。

　薩摩川内市は17年4月、甑島の精神障害者に通院交通費の補助を始めた。このほか県内自治体で島外通院の交通費補助があるのは与論町だけだ。他の離島でも補助を受けられるよう、県や当該自治体は制度づくりを検討してほしい。

　第二点が、精神科医による無料相談だ。県は精神保健福祉法に基づき、保健所ごとに無料相談を年数回実施する。しかし開催場所は保健所が大半だ。精神科医がいない離島ではほとんど実施されたことがない。

　奄美地区では精神科医のいない喜界島、沖永良部島、与論島で民間病院の医師が出張無料相談を行っている。だが申し込みが定員を超えることも珍しくない。県の無料相談はこうした島でこそ実施すべきだ。

7．交通割引の流れ拡大

　公共交通機関の障害者割引について、これまで身体・知的障害者だけだったのを精神障害者にも拡大する動きが広がっている。精神障害者の社会参加を促す上で重要だ。全国の家族会も要望を続けている。３障害統一した割引の流れをいっそう推し進めるべきだ。

　17年4月から福岡市の西日本鉄道とＪＲ九州バスが相次いで精神障害者割引を導入した。西鉄は、鉄道のＪＲ６社、大手私鉄16社の中で初めてだった。

　ＪＲ九州バスの導入により、鹿児島県内の全路線バスで割引を受けられるようになった。

　ほかに県内で導入しているのは鉄軌道で肥薩おれんじ鉄道、鹿児島市電。船舶では桜島フェリー、フェリーさんふらわあ、フェリーとしま、フェリーみしま、天長フェリーだ。一方、旅客機で導入しているところはまだない。

　精神障害者が支援から取り残された背景には、１９９３年の障害者基本法施行まで、身体・知的だけが「障害者」と位置付けられていたことがある。

　しかし２００６年には3障害の福祉サービスを統一した障害者自立支援法（現障害者総合支援法）、16年は障害者差別解消法が施行された。３障害を隔てなく支援する社会づくりが求められている。

取材班から

報道を続ける責務／豊島浩一（48）＝取材班キャップ＝

鹿児島は１９５０年代後半から精神病床、入院患者が爆発的に増えた。人口当たりの病床、入院患者の割合が全国で一番高い。

精神障害者を取り巻く問題は、鹿児島の報道機関こそが取り組むべきテーマではないか。そうした問題意識がシリーズ「精神障害とともに」の出発点だった。

地域で患者を支える体制を整えていった欧米諸国と対照的に隔離収容を推し進めた日本。中でも鹿児島は特に熱心だった。世界的に見ても精神障害者を施設の中に閉じ込めてきた地域と言える。

２０１６年の本紙調べによると、入院期間が50年以上の患者が県内に少なくとも33人いて、60年を超える人もいた。

高度成長期、治安維持的な意味合いが強い隔離収容をマスコミは後押しした。本紙も50年代後半から60年代にかけて必要性を繰り返し強調している。

62年の記事では「野放しの精神障害者」との見出しで、在宅精神障害者について「いつ犯罪を起こすかしれない」とし、「県民は〝爆弾〟と同居している」とも表現している。

70年代に入ると、収容を促す記事はなくなる。以降40年ほどで、精神科病院内部の状況をリポートした連載記事は80年代に1回あるだけ。87年に社会復帰の推進を明記した精神保健法が施行されたが、社会復帰を促すような掘り下げた記事はほとんど見当たらない。県内の入院患者は89年まで増え続けた。

身体、知的障害者が奮闘する姿を伝える記事に対し、精神障害者の記事は圧倒的に少ない。

野放しの精神障害者

薄い

「野放しの精神障害者」という見出しで施設への患者収容を訴える南日本新聞1962年10月8日付紙面

一方で、精神障害者がかかわる事件は報道されていく。障害者や家族、支援者に取材すると、「マスコミは精神障害者が事件を起こしたときしか報道しない。それが精神障害者イコール危険というイメージにつながっている。もっと日常の暮らしや奮闘ぶりも伝えてほしい」という声をよく聞いた。

総人口に占める精神障害者の割合は約3％。これに対して一般刑法犯検挙者に占める割合は約1・7％（16年版犯罪白書）。精神障害者が一般の人より事件を起こす割合が高いことはない。

ほとんどの精神障害者が人を傷つけることなく懸命に生きている。

シリーズは、精神障害者に対する社会的な偏見の解消を目標に据えた。多くの障害者に紙面を通じて出会ってもらうことが重要と考えた。それには障害者の実名と写真が欠かせない。読者に、実在する同じ生身の人間として感じてほしかった。

多くの障害者が協力してくれた。身内以外に初めて障害のことを明かすという人もいた。地域に偏見や差別が根強く残る中、大きな決断だったろう。「社会の意識を変えたい」と願う障害者や関係者の勇気がシリーズを支えてくれた。

大きな反響も続いた。「光を当ててくれてありがとう」という障害者や家族の声が多かった。地域で身を潜めるようにして生きてきた人々の思いが記者の背中を押してくれた。

精神障害者を地域で支える取り組みは徐々に広がっている。しかし受け皿はまだ不十分だ。住まいや医療福祉サービスのことだけではない。最も大切な受け皿は、精神障害者に対する地域住民の理解だ。

精神障害があっても当たり前に地域で暮らせる社会の実現に向け、今後も取材・報道を続けたい。かつて隔離収容を後押しした報道機関としての責務だ。

つながりが導く希望／三宅太郎（43）

「どうして自分たちだけが、こんなにつらい思いをしないといけないのか」。シリーズ取材を通して何度も聞いた言葉だ。精神障害のある当事者だけではない。その親やきょうだい、配偶者といった家族も同じ悩み、苦しみを抱えていた。

40年ほど前に息子が統合失調症になった父親は「当時は見えない鎖につながれているようだった」と表現した。弟を入院先で亡くした姉は「私だけが幸せになっていいのか」と葛藤した日々を語ってくれた。

だが、その思いは家族同士がつながり合う中で変わっていく。「一人じゃない」と思えたことで肩の荷が下りたという人は多い。交流を通して病気への理解が深まり、ばらばらになりかかった家族が再生したケースもあった。

家族の言葉が胸に響くのは、私自身がその一人だからかもしれない。2年前に亡くなった父は20年以上そううつ病と闘っていた。

父が発症したとき、私は思春期の真っただ中にいた。そう状態のときは必要以上に攻撃的になり、うつ状態のときは一日中寝てばかりいる。そんな父を正直、疎ましく思ってきた。次第に会話もしなくなった。

あのとき、父の苦しみを理解できていれば、その後の親子関係も違っていたかもしれない。父の死後に福祉担当になり、精神障害について取材するうち、そんな思いが込み上げてきた。私事で恐縮だが、取材班入りの動機はこの体験にあるといっていい。

たくさんの当事者、家族を紹介することで、紙面を通した「つながり」が生まれるのではないか。そう思って10カ月間走り続けてきた。一人でも多くの家族が希望を取り戻してくれれば、それに勝る喜びはない。

笑顔の先に／吉松晃子（35）

精神障害のある人が働く鹿児島市のラグーナ出版で毎週水曜の朝、「編集会議」が開かれる。本紙連載の取材が始まった２０１６年秋から、私も通うようになった。

精神科病院に入院経験のある５、６人の編集部員が、次に出す雑誌や本について意見を交わす。企画を考え、書いた原稿を確認し合う。病気との向き合い方や入院時のつらい記憶を素直に言葉にしていく様子に、圧倒された。

会議は和やかだ。よく笑いが起きる。終了時刻の正午が近づくと落ち着かなくなる人、机に顔を伏せて寝てしまう人がいる。どんな発言でも柔らかく受け止める雰囲気がある。初めは彼らとの会話や接し方に迷っていた私も、数回参加して「いつも通りでいい」と悟った。

新年の特集記事で社員の写真を撮ることになった。それまで紙面に顔を出した社員は数人だった。川畑善博社長（49）は全員に声をかけた。「堂々とラグーナの社員だと胸を張ってほしい」。最終的に、10人を超える当事者がカメラの前に立った。

紙面には笑顔が並んだ。だが、そこに至るまでの道のりはそれぞれ険しく、厳しかった。家族や周囲の人たちの苦労もあった。幻聴や妄想との闘いは続いている。最近体調を崩し休んでいる人がいる。それだけ波のある病気でもある。

この病を抱える痛みや苦しみ、地域で回復していくことの意味、日常の喜び、必要な支援――。ラグーナのメンバーから、そしてこれまで出会った県内外の精神障害のある人たちや家族、支える人々から教わった。

当事者や家族が偏見や差別を恐れることなく暮らせる社会には、まだ遠い。取材を受けてくれた彼らの思いを受け止め、努力を続けたい。

見えない壁／右田雄二（37）

恥ずかしながら、ほとんど無知な状態でシリーズ企画に関わった。その分、精神障害への偏見、差別とは何か、原因は何かと自分なりに考えてきた。取材を通して、その根底には、社会の無関心があると感じている。

精神科病院の密着取材では、50年以上入院している患者がいる事実に衝撃を受けた。長期入院患者の中には社会で普通に生活できそうな人もいた。

一方で、看護師らが急病や身体合併症の患者に対し24時間体制で支援していることを知り、家族で同じようにするのは不可能とも思った。

なぜ、患者は病院に〝隔離〟されてきたのか。医療機関と家族に任せっきりにして、理解しようとしてこなかった社会による「見えない壁」の影響は大きいと感じた。

病院取材では、一人でつぶやく、予想しえない行動をするといった患者にも出会った。逆に、治療を受け地域や社会で生活する元患者の笑顔には、自分が勝手につくっていた精神障害に対するイメージを反省させられた。

2014年の国の調査では、全国の精神障害者は392万人に上る。地域社会で笑顔を増やしていくためには、多くの人がまずは関心を持ち、理解していくことから始まるのではないだろうか。

おわりに

縁を感じている。本編の中でも登場したラグーナ出版（鹿児島市）とだ。

出会いは11年前にさかのぼる。本紙で、精神障害者が「シナプスの笑い」という雑誌を創刊したという記事を見た。当事者の思いを発信するという。私は3障害のうち、身体・知的障害者を取材したことがあったが、精神障害者はなかった。チャンスと思って密着取材を申し込んだ。精神障害者と雑誌づくりを始めたのが川畑善博さんだった。精神保健福祉士で、かつて出版社に勤めていた。いまラグーナ出版の社長を務める。

当事者の小説やエッセー、短歌、座談会を掲載した雑誌には、鹿児島から社会的な偏見をなくしていきたいという情熱がほとばしっていた。読者や投稿者は全国に広がり、今も順調に発刊している。その雑誌づくりが発展して出版社になった。

11年前、私にも偏見があった。いきなり殴られたり、怒鳴られたりするのではと思った。しかし全然そんなことはなかった。「外へ――精神障害者誌『シナプスの笑い』の挑戦」と題して、2007年元日から5回連載した。その2カ月後、私の父がうつ病になった。川畑さんとともに雑誌づくりの中心にいた精神科医の森越まやさんに相談し、入院することになった。いま父は完全に回復し、森越さんがラグーナ出版の隣りで開業した「ラグーナ診療所」に月1回通うことを楽しみにしている。

連載の途中から川畑さんに「本にしましょう」と誘っていただいた。その後とんとん拍子で出版が決まった。連載期間中、取材班の記者はそれぞれ精神的に追い込まれる時期があった。いい記事にするため、もがき苦しんだ。それだけに偏見解消に向けた戦いを続けてきたラグーナから本になることを一同、大きな喜びと感じている。

朗報も届いた。連載「精神障害とともに」が2017年度日本医学ジャーナリスト協会賞大賞を受賞した。この賞は、鹿児島で声を上げた障害者や家族、障害者らのためにより良い環境をつくろうと奮闘する医療福祉関係者に与えられたものでもあると思う。

本のデザインは、鈴木巳貴さん（ラグーナ出版）と北村優美さん（南日本新聞）が担当した。表紙の写真は、取材に協力してくれた当事者たちだ。本を持っているのがラグーナ出版の面々。イタリアでお世話になった人々も写っている。さまざまな笑顔が、多くの人の「精神障害」に対するイメージや固定観念を揺さぶるものと確信している。

2017年12月

豊島浩一（南日本新聞編集委員）

精神障害とともに

二〇一七年十二月二十四日　第一刷発行

著　者　南日本新聞取材班

発行者　川畑善博

発行所　株式会社 ラグーナ出版
〒八九二－〇八四七
鹿児島市西千石町三－二六－三F
電　話　〇九九－二一九－九七五〇
ＦＡＸ　〇九九－二一九－九七〇一
URL http://lagunapublishing.co.jp
e-mail info@lagunapublishing.co.jp

印刷・製本　シナノ書籍印刷株式会社
定価はカバーに表示しています
乱丁・落丁はお取り替えします
ISBN978-4-904380-70-3 C0036